Sexpectativas Ellas proporciona información honesta y directa que te ayudará a tomar tus propias decisiones saludables. *Sexpectativas* les habla a las chicas (y a los chicos) sobre temas importantes, como cuándo tener sexo, cómo sucede, las razones por las que puedes decidir tener sexo (o no), cómo se siente y muchas otras cosas que una chica debe saber si tiene, quiere tener, o está a punto de tener sexo.

El sexo no sucede de manera individual. En *Sexpectativas* también se abordarán las relaciones de amistad y de pareja, la familia, la identidad sexual y las influencias culturales. Tener información y tomar decisiones sobre sexo puede ser confuso en el mejor de los casos. Este libro te guiará a través del proceso de autoconocimiento, tanto de tu mente como de tu cuerpo; aprenderás a cuidar de ti, protegerte y pensar en situaciones difíciles como el embarazo. Además, encontrarás información sobre las relaciones y aprenderás a utilizar tu fuerza personal para tomar decisiones positivas.

Sexpectativas ofrece respuestas honestas y respetuosas para las preguntas más difíciles a partir de los comentarios de otras chicas que se han enfrentado a esta misma experiencia.

SEXPECTATIVAS ELLAS

LEISSA PITTS

Montena

ÍNDICE

Sexpectativas Ellos te ayudará a tomar decisiones con base en la información correcta.

Sexpectativas aborda temas importantes para los chicos (y chicas), como cuándo tener sexo, cómo sucede, las razones por las que puedes decidir tener sexo (o no), cómo se siente y muchas otras cosas que un chico debe saber si decide tener sexo o está a punto de hacerlo.

El sexo no sucede de manera individual. *Sexpectativas* va mucho más allá de cómo usar un condón; también explora asuntos complejos como el placer, el deseo, las relaciones y la identidad a través de información de la vida real escrita sin rodeos.

Sexpectativas responde honesta y respetuosamente las preguntas más difíciles a partir de los comentarios de otros chicos que se enfrentan a esta misma experiencia.

SEXPECTATIVAS ELLOS

CRAIG MURRAY

Montena

ÍNDICE

Sobre el autor

Entre otras cosas, hago trabajo social en una organización dedicada a la educación y difusión de información sobre salud sexual en el sur de Australia llamada SHine SA. He hablado de sexo durante mucho tiempo, pero en los últimos doce años he tenido la suerte de que me paguen por ello.

Comencé en SHine SA como educador de pares; esto significa que me capacitaron para compartir información con mis amigos, en especial con los que no se hubieran parado en un centro de salud ni por error. Después, como consultor juvenil, participé en la capacitación de doctores, personal de enfermería y de trabajo social dedicados a tratar con adolescentes. Estudié cuidado comunitario (cuidar de adultos mayores o personas discapacitadas en sus hogares), trabajo comunitario con jóvenes, desarrollo comunitario y atención médica primaria. Además, he asistido a un montón de cursos y talleres relacionados específicamente con la salud sexual.

Me gustaría agradecer a Di y Liz de CKSD por su visión y por tener tan buen gusto a la hora de elegir a sus autores, así como a Leissa, coautora de este libro, por su perspectiva y sentido del humor.

También agradezco enormemente a los chicos que entrevisté para este libro: Anthony, Chris, Edd, Fernando, Nick, Lud, Jules y Ryan. Gracias por compartir sus experiencias y expectativas.

Además, quiero mandarle mucho amor y toda mi gratitud a las personas que me ayudaron a darme cuenta de qué significa ser un hombre: Amanda, Amy, Anwar, Big A, Bob, Brook, Ember, Jarod, Jim, Jo, John, Jules, Kim, Leigh, Lexton, Lisa, Lynn, Norman, Robbie, Rox, Sonja, Steph, Steve, Steve, Tam, Tiff y Vanessa, así como a toda la gente de SHine Folks, SFC y de "Willdinga" Krew.

Mucho amor a mis hijos, Chris y Gray, por enseñarme tantas cosas sobre la vida. Por último, agradezco especialmente a mis padres, May y Tom, por enseñarme sobre el amor.

Quisiera dedicar *Sexpectativas Ellos* a mi difunto tío Fergie, uno de los hombres que me enseñaron el verdadero valor del humor, y a mi abuela de "puños de hierro" por enseñarme que no importa a quién, amar es amar.

¿Por qué usar la palabra "pareja"?

Hay muchos términos para referirnos a las personas con las que tenemos relaciones sexuales, los cuales pueden depender del tipo de relación que tengamos con ellas. Puede ser novio, novia, amante, amigos sexuales... De hecho, es posible que tu relación no sea tan fácil de definir.

Utilizo la palabra "pareja" porque muchos chicos tienen sexo con personas que no son su novia, y muchas cosas sexuales pueden suceder fuera de una "relación tradicional".

Para mí, "pareja" sugiere que el sexo es un trabajo en conjunto. Esta palabra evoca equidad y respeto, se trata de un equipo. Además de eso, usar "pareja" en lugar de "novia/novio/amante/amigo o amiga con derechos/otro(a)" nos ahorra muchos caracteres.

Introducción

¡Sexo! Qué buen tema... pero ¿por qué este libro se llama *Sexpectativas*?

A veces la gente tiene *expectativas* altas de nosotros, esperan que sepamos todo sobre el sexo, aunque muy pocas veces tengamos la oportunidad de hablar de estos temas abiertamente y de manera saludable, o hacer preguntas como: "¿Y eso cómo se hace?", o "¿qué es 'normal'?" Éstas son sólo algunas de las preguntas difíciles que suelen surgir en nuestra cabeza.

El sexo es una de esas cosas que siempre interesan a todo el mundo. Si creías que la educación sexual termina cuando aprendes a poner un condón, piensa de nuevo. En *Sexpectativas* hablaremos de cosas relacionadas con el placer, identidad, técnica, orgasmos, mitos y realidades, y muchísimos temas más. También abordaremos el sexo saludable y todos los factores que pueden conllevar riesgos. Por supuesto, también hablaremos de qué hacer cuando algo sale mal.

Si tienes una novia, o quieres encontrar una, te recomendamos darle la vuelta a este libro para leer *Sexpectativas Ellas*. Los chicos deben saber qué pasa con las chicas y sus cuerpos, y las chicas deben saber sobre los chicos y sus cuerpos. De este modo podrán apoyarse mutuamente. Después de todo, el sexo es asunto de pareja.

La manera en la que percibes el sexo puede marcar una gran diferencia en tu vida sexual. Si crees que es algo sucio y motivo de vergüenza, quizá tengas dificultad para disfrutarlo y podría evitar que aprendas sobre tu propio cuerpo –por ejemplo, descubrir qué te excita–, o cómo llevar una vida sexual en la que tú (y tu pareja) puedas ser feliz y estar seguro. Si crees que el sexo es natural y sano, es muy probable que disfrutes la experiencia, construyas relaciones saludables y te sientas mejor contigo mismo. La segunda opción suena mucho mejor, creo.

Sexpectativas no pretende decirte cómo te debes sentir o qué hacer. Es una oportunidad para explorar algunos de los altibajos y los confusos puntos medios del sexo. En este libro encontrarás respuestas a preguntas que quizá ya te hayas hecho (y también a algunas que tal vez no se te habían ocurrido). Lo más importante es que todo depende de ti, pues cuando se trata de sexo y tu sexualidad, ¡tú eres quien manda!

Encuentra un buen lugar para leer y comencemos la exploración.

Capítulo 1

¿Qué es el sexo?

El sexo es...

"...hacerlo."

"...relaciones sexuales."

"...divertido."

"...una manera de demostrar amor e intimidad."

"...bueno, pero hacer el amor es increíble."

"...algo que sólo te pertenece a ti... y a tu pareja."

"...aterrador."

"...el máximo objetivo."

"¡...sexcelente!"

"...lo único en lo que todos piensan."

"...poco importante para mí."

"...sexy."

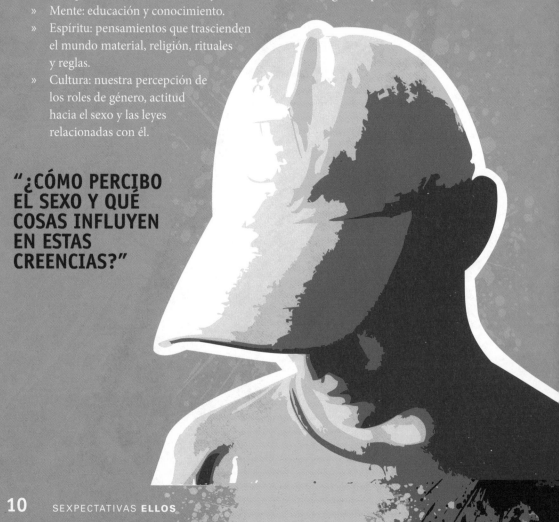

Cuando se trata de sexo, hay un montón de cosas que explorar, pero por ahora empecemos con una pregunta muy básica: ¿qué es el sexo?

Para algunos chicos, es una parte fundamental de la vida, para otros parece no importar tanto. Algunos lo consideran mucho más que el acto físico de besar, tocar y lamer: puede ser una manera de conectarte en mente, cuerpo y alma con tu pareja, una gran forma de deshacerte del estrés o incluso una experiencia espiritual. Es, también, la manera de hacer bebés, pero también un acto para celebrar el amor o la vida en general. La idea que la mayoría suele tener sobre el sexo es una acción penetrativa del pene en la vagina y hacerlo significa perder la virginidad. Sin embargo, ¿qué hay del sexo oral o anal? ¿Se pueden considerar sexo?

Muchas cosas influyen en la creación de nuestra actitud hacia el sexo: nuestras experiencias, aprendizaje e identidad, por ejemplo. También hay otros factores, como:

» Emociones: la experiencia del amor, sentido de pertenencia, conexión y autoestima.
» Cuerpo: cosas físicas como la lujuria, habilidades e imagen corporal.
» Mente: educación y conocimiento.
» Espíritu: pensamientos que trascienden el mundo material, religión, rituales y reglas.
» Cultura: nuestra percepción de los roles de género, actitud hacia el sexo y las leyes relacionadas con él.

"¿CÓMO PERCIBO EL SEXO Y QUÉ COSAS INFLUYEN EN ESTAS CREENCIAS?"

¿Por qué la gente tiene sexo?

La respuesta más frecuente a esta pregunta es "porque pueden y porque se siente bien". Sin embargo, la razón principal según la mayoría es que se sienten atraídas por la otra persona. Existen muchas razones para tener relaciones sexuales, y no todas están asociadas con una sensación de bienestar. Algunas de ellas pueden desencadenar un montón de decepciones e incluso riesgos. También he escuchado muchos motivos aterradores, como cuando alguien utiliza el sexo para herir o vengarse de una persona. Las razones para tener sexo no sólo afectan tu relación: también tienen impacto en tu salud sexual, mental, física y espiritual. De hecho, puede repercutir en cuánto disfrutas la vida.

PREGÚNTATE: "¿POR QUÉ QUIERO TENER SEXO?"

Es importante preguntarle esto mismo a tu pareja, pues sentir confusión en cuanto a las expectativas puede implicar decepciones sexuales y la ruptura de la pareja.

EL SEXO Y SUS BENEFICIOS PARA LA SALUD

El sexo puede aliviar el estrés, mejorar la inmunidad, quemar calorías, aumentar la autoestima, mejorar la salud cardiovascular, reducir el dolor, incrementar la intimidad, fortalecer los músculos del suelo pélvico, ayudar a dormir y, en los hombres, reducir el riesgo de desarrollar cáncer de próstata… ¡Además se siente muy bien!

SEXPECTATIVAS

Preguntarte por qué quieres tener sexo puede parecer un poco extraño, y tu respuesta podría cambiar todos los días, pero también ayudarte a analizar tu realidad y asegurarte de que tus expectativas sean realistas.

¿Cuáles son las reglas del juego?

Cuando se trata de sexo, siempre hay leyes y normas (legales y sociales) pensadas para garantizar la seguridad de todos. Es muy importante conocerlas, en especial porque pueden variar según el lugar o contexto en el que vivas. Te recomendamos investigar las leyes relativas al sexo en tu país. Mientras tanto, a continuación encontrarás información esencial que todos debemos saber:

» *Consentimiento:* Se trata de un asunto muy importante y delicado. Por ello, sugiero que te impongas la regla de siempre tener súper claro qué implica participar en una relación consensual. El consentimiento ocurre cuando las personas deciden tener sexo juntas. Ésta es una cuestión de enorme importancia, y si alguien dice "no", significa *no*. Engañar, amenazar, chantajear o manipular a alguien para tener sexo no es tener su consentimiento, es ejercer coerción sobre una persona. Cuando alguien se encuentra en estado de ebriedad o bajo el influjo de drogas, no puede dar su consentimiento para tener relaciones sexuales: si una persona está demasiado ebria para decir *no*, también lo está para decir *sí*. A veces puede ser difícil establecer si hay consentimiento y en ocasiones puede parecer difícil decir no.

   No necesitas un contrato firmado, puedes simplemente preguntar: "¿Te gusta esto?", "¿segura(o) que quieres hacer esto?". Aunque tu pareja te diga que sí, fíjate en su lenguaje corporal: ¿qué dice su cuerpo?

   Si tienes muchas ganas de sexo y tu pareja no, quizá te sientas frustrado, pero lidiar con un poco de frustración es mucho mejor que tener relaciones sexuales con alguien que no quiere hacerlo contigo. Las personas a tu alrededor podrían respetarte más por no presionar a tu pareja e incluso podrías hacerte de la reputación de un chico respetuoso en busca del placer. La masturbación es una gran manera de aliviar un poco esta frustración sexual.

» *Edad de consentimiento:* En algunos países existe una edad mínima legal para tener relaciones sexuales. Consulta las leyes locales para saber cuál es esta edad en tu país.

   Estas leyes suelen ser válidas para relaciones heterosexuales y homosexuales, pero existen algunas excepciones. Por ejemplo, en México la edad mínima de consentimiento para tener relaciones sexuales va de los 12 a los 15 años, dependiendo del estado o entidad federativa.

» *Sexo con familiares:* Sólo puedes tener sexo con alguien que no forme parte de tu familia, como madre, padre, hermanos, tíos y abuelos. También puede incluir primos y familia política.

» *Sexo con maestros o figuras de autoridad:* En muchas partes del mundo debes tener 18 años para tener relaciones sexuales con una figura de autoridad o con una persona en una posición de poder, como maestros, trabajadores sociales, consejeros, etcétera. Por lo general, las instituciones que contratan a estas personas tienen reglamentos específicos sobre estos temas.

» *Zoofilia:* Es ilegal tener relaciones sexuales con animales. Estos casos pueden generar cargos por maltrato animal.
» *Sexo en espacios públicos:* El sexo en público es ilegal. Te recomiendo consultar la definición legal de espacios públicos y privados en tu localidad.

NORMAS SOCIALES SOBRE SEXO

Las reglas sociales se definen en la familia, amigos, cultura, comunidad o religión, y son distintas para cada individuo. Éstas incluyen cuestiones como el sexo antes del matrimonio, las personas con las que puedes tener relaciones, dónde puedes hacerlo o qué tipo de sexo puedes practicar. Estas normas están fundamentadas a partir de la ética, o el *sentido* de lo correcto e incorrecto. Algunas pueden tener sentido para ti, pero como el sexo es algo tan personal, muchas de ellas te podrían parecer absurdas.

Cuando incluyes a otra persona en tu actividad sexual, también incluyes sus normas sociales al respecto. Esto podría requerir un poco de negociación. Nunca asumas que todas las personas viven bajo las mismas reglas. Lo mejor es hablar sobre ello y aclarar qué cosas están bien, cuáles se pueden negociar y qué está totalmente fuera de la discusión.

Si comienzas a ignorar tu sentido del bien y el mal, podrías llegar a resentir a tu pareja. Por otro lado, si decides ignorar las reglas ajenas, quizá debas preguntarte qué tanto te importa esa persona en realidad. De cualquier forma, la seguridad, parte esencial del sexo y las relaciones saludables, es lo primero que se pone en riesgo.

Reglas de las relaciones

¿Cuáles son tus reglas cuando se trata de...

...sexo seguro?

...sexo con una ex pareja?

...sexo con la pareja anterior de un amigo?

...coquetear?

...conflicto? ¿Qué significa pelear, para ti?

...comunicación abierta y honesta?

...tener en claro por qué te estás peleando?

...estar abierto a la idea de que algunas veces no tienes razón?

...lidiar con las situaciones que surgen a lo largo de la relación?

¿Cómo aprendemos de sexo?

El día que naciste comenzaste a aprender sobre sexo. Se cree que tan pronto como un bebé nota que puede controlar esas cosas pegadas al final de sus brazos (manos), comienza a tocar sus genitales. ¿Por qué? ¡Porque se siente bien! Desafortunadamente, algunas experiencias de aprendizaje no son así de divertidas; algunas pueden ser desagradables o confusas, en especial si no hay una persona que ayude a encontrarle sentido a todo lo que sucede. Las cosas que aprendes del sexo pueden afectar tus expectativas y tus relaciones sexuales.

LA EDUCACIÓN SEXUAL ESTÁ EN TODOS LADOS

Aprendemos mucho sobre cómo vivir en este mundo gracias a quienes nos rodean –de nuestros antecedentes culturales, familia y amigos–, así como de observar la convivencia entre hombres y mujeres. La gente a tu alrededor te ha dado lecciones de manera inconsciente sobre el significado de ser un hombre. Lo más emocionante (y al mismo tiempo aterrador) de todo esto es que tú también influyes en los demás.

"¿Qué tipo de mensajes sobre mí les transmito a otras personas?"

Tu manera de hablar y pensar sobre sexo puede afectar qué tan cómodas o seguras se sienten las personas a tu alrededor. Demuestra tu apoyo a quien desee hablar contigo con franqueza sobre sus creencias o sentimientos respecto al sexo. Si no pones atención, podrían interpretar que para ti no está bien tocar esos temas. Compartir tus miedos o dudas puede fortalecer tus amistades.

LA EDUCACIÓN SEXUAL EN LA ESCUELA

Un día, cuando estaba en primero de secundaria, una maestra nos dijo que esa noche transmitirían un show de televisión que deberíamos ver. Se llamaba *Nadie quiere tener un bebé no planeado*. Además de ser demasiado obvio, este título mandaba un fuerte mensaje negativo contra el sexo. Al final vi el programa en la oscuridad, aterrado de que mis padres o mis hermanos mayores me encontraran. Lo admito, no fue la introducción más positiva a la educación sexual. Por suerte, la educación sexual en las escuelas ha avanzado mucho, aunque aún hay un largo camino por recorrer.

La educación sexual muchas veces se deja fuera de las escuelas o se menciona con prisa y cierta vergüenza. Con frecuencia, los maestros no reciben apoyo para explorar las áreas confusas de la sexualidad, como la identidad sexual, el poder, el placer, los valores y actitudes, y en lugar de eso se apegan a información basada en hechos, como las infecciones de transmisión sexual (ITS) o la anticoncepción. Esto puede generar una visión alterada del sexo, pues sólo se enseñan las consecuencias negativas de tener relaciones sexuales.

"¿CÓMO ES LA EDUCACIÓN SEXUAL EN TU ESCUELA?"

Intenta recordar los temas abordados, los que se dejan fuera y los mensajes recibidos. Pregúntate: ¿el sexo es algo bueno?

SEXO EN LOS MEDIOS

Los medios –internet, la televisión, revistas, teléfonos, etcétera– se esfuerzan por difundir su propia versión de la sexualidad. No hay manera de escapar. Las películas, telenovelas, servicios de citas, líneas telefónicas para adultos, páginas de internet (con los dispositivos móviles, el contenido en línea está contigo a donde quiera que vayas), la publicidad: todos trabajan de acuerdo al viejo dicho "el sexo vende". "Compra nuestro producto y serás más atractivo. ¡Así tendrás más sexo!"

Los medios se deleitan con los extremos del sexo; desde el anticuado romance de cuento de hadas, hasta las historias de horror capaces de generar traumas. Los medios no quieren retratar la realidad; casi nunca vemos negociaciones sobre el uso del condón, qué pasa cuando dejas salir un gas en la cama, cómo combinar relaciones con la escuela o el trabajo. No se habla de masturbación o sobre cómo mantener una erección. Y además está el porno…

Cuando se trata de averiguar más sobre la mecánica del sexo, dónde va qué cosa, etcétera, muchos chicos deciden sacar información de la pornografía. No digo que esto sea malo o bueno, pero te recomiendo decidir por ti mismo qué es saludable y respetuoso y qué cosas evitar. Este consejo es válido para todos los medios, incluyendo este libro. Me parece genial que quieras cuestionar la información contenida en estas páginas, pues implica un interés genuino en tu educación sexual. Hablaremos sobre la pornografía con mayor detalle más adelante.

¿En qué pensamos cuando pensamos en sexo?

En México, los índices de abuso sexual, relaciones violentas y agresión, de ITS y embarazos no planeados son demasiado altos. En países como Holanda y Dinamarca, los niveles de violencia sexual, embarazos accidentales e ITS son menores que en muchos países, como Australia, Inglaterra y Estados Unidos. Algunas personas creen que esto se debe a la educación sexual integral y sobre relaciones que reciben en las escuelas.

Es decir, se cree que, mientras más aprendas de sexo y más abierta y honesta sea la gente a la hora de hablar de estos temas, estarás más preparado para entender los mitos y realidades alrededor de este tema, descubrir qué significa para ti y cómo ser una persona saludable en términos sexuales. Para nosotros, se trata de un algo natural, placentero y saludable.

"¿QUÉ ES EL SEXO PARA MÍ?"

Actitud positiva ante el sexo: una gran manera de ser

Una actitud positiva ante el sexo significa no tener problema con lo que sea que la gente haga en su vida sexual, siempre y cuando estén de acuerdo en hacerlo, no sea ilegal y no lastime a otras personas. Todo lo demás está bien. No es necesario explicarlo o justificarlo ante nadie. Incluso si el sexo no te interesa en absoluto, puedes mantener una actitud positiva al apoyar a las personas a tu alrededor mientras ejercen su sexualidad como quieran.

Lo mejor de esta actitud es que cuando haces que las personas se sientan seguras para hacer lo que quieran, también creas un ambiente seguro para ti mismo.

"¿QUÉ TANTO SÉ SOBRE MI MENTE Y CUERPO?"

PREGUNTAS DIFÍCILES

P ¿La edad de consentimiento es la misma para el sexo homosexual y heterosexual?

R En algunos países como en México, la edad de consentimiento varía según la región. Aunque, desafortunadamente, las regulaciones del sexo homosexual y heterosexual no siempre están bien delimitadas en cuanto a derechos se trata, como es el caso del matrimonio entre personas del mismo sexo y la adopción. Recuerda investigar las regulaciones y normas locales de tu país y ciudad.

P Me quiero masturbar, pero vivo con mi familia y es muy numerosa, ¿qué puedo hacer para encontrar un poco de privacidad?

R Muchas veces es difícil conseguir privacidad en casa, sobre todo si compartes tu cuarto. Quizá puedas proponer un horario para compartir espacios, de esa manera todos podrán gozar un rato de soledad en la habitación. Una buena opción es poner un seguro en la puerta de tu cuarto para darte tranquilidad y paz mental. Así podrás olvidar las interrupciones y disfrutarlo. También puedes encontrar privacidad en el baño. Tener un espacio propio es muy bueno para tu salud mental; en este sentido, la privacidad es algo saludable.

P ¿Qué hago si todas las experiencias que he tenido con el sexo y las relaciones son malas?

R Es muy importante obtener información y apoyo al respecto. Investiga cómo son las relaciones personales y sexuales saludables y pregunta cómo se siente participar en ellas. ¿Hay alguna pareja positiva cerca de ti? ¿Qué las hace funcionar? Observa a las personas y su manera de tratarse. De esta forma aprenderás mucho sobre el respeto.

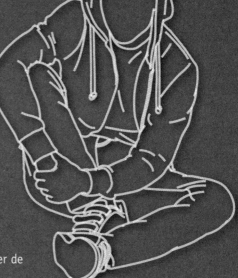

Lo anterior puede ser muy complicado si todas las relaciones a tu alrededor también son negativas; quizá por eso crees que es imposible estar en una relación positiva y saludable. En realidad, muchas personas aprenden de sus experiencias negativas y crecen sabiendo con claridad cómo son las relaciones que no quieren tener.

¿Qué cosas hicieron de tus experiencias algo negativo? Es importante saberlo para evitar repetirlas. ¿Qué podrías cambiar en tu próxima relación? Recuerda que la vida se trata de aprender de nuestros errores y experiencias.

Capítulo 2

Partes del cuerpo

"A veces, cuando me excito, siento como si me separara de mi cuerpo, como si estuviera flotando y mirando a alguien distinto que se parece mucho a mí."

"Odio cuando mi pareja sólo se concentra en mi pene. Hemos hablado de ello, pero siempre regresa a él. Digo, claro que me gusta, pero me encanta que me acaricien los muslos y siento una descarga eléctrica de placer cuando masajean mis pies de cierta manera."

"¿Qué tan grande es suficientemente grande?"

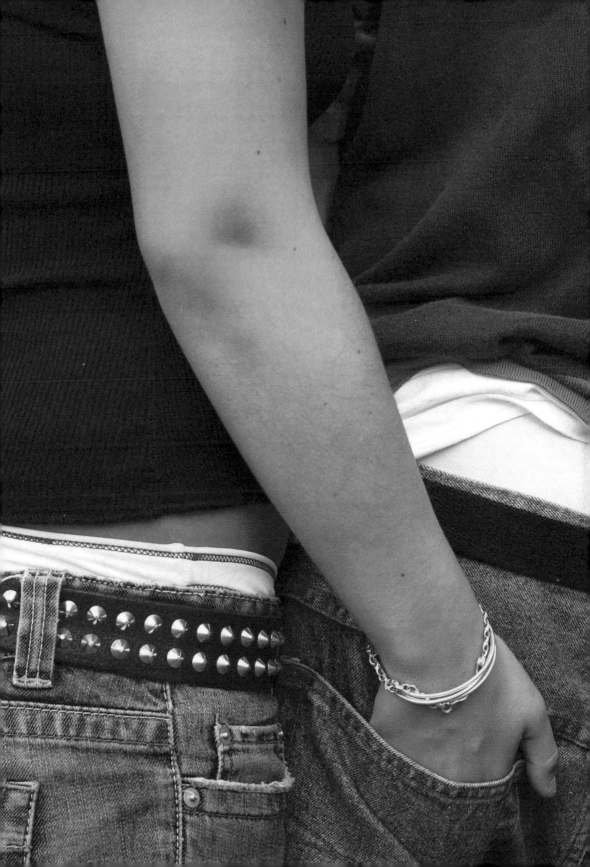

Entender tu cuerpo es fundamental para disfrutar el sexo y ejercer tu sexualidad de manera segura y saludable. Cuando se trata de sexo, los chicos suelen pensar en su pene, testículos y quizás en su trasero. ¿Pero qué hay de los labios, la lengua, las manos, los pies, los brazos, las piernas, la cabeza, las orejas, los ojos y los hombros? Todas estas partes te pueden dar un montón de placer. También debes considerar tu cerebro, mente, espíritu y alma.

Conocer las partes de tu cuerpo, saber cómo funcionan y cómo cuidarlas también es esencial, pues ciertos cambios pueden ser indicadores de que algo anda mal. Estar al tanto del aspecto de tu cuerpo, de cómo se siente y cómo huele en distintos momentos es muy importante para detectar cualquier cambio.

¿CUÁNTO CONOZCO A MI CUERPO?

El placer y tu cuerpo

Algunas personas dicen que el cerebro es el órgano sexual más grande porque ahí es donde decides qué te excita. También suele decirse que la piel es el órgano sexual más grande, pues genera la información sensorial. No importa cómo lo veas, en realidad todo el cuerpo es un gran órgano sexual.

Si tu cerebro decide que tus pies son eróticos en extremo, te excitarás de inmediato cuando tu pareja les preste aunque sea la mínima atención. Por otro lado, si tu cerebro dice que sólo sirven para caminar, ni todo el esfuerzo del mundo sobre tus pies hará que te excites. O, por ejemplo, si tu cerebro considera a tu trasero un órgano sexual, puedes disfrutar muchísimo cuando tu pareja lo toca, pero si cree que sólo está ahí para ir al baño, cuando tu pareja lo explore no será una experiencia memorable.

A veces, cuando nos concentramos nada más en el pene, nos perdemos la oportunidad de experimentar un gran placer, limitando nuestra experiencia y la de nuestra pareja.

¿QUÉ PARTES DEL CUERPO ME EXCITAN?

¿ESTÁS CALIENTE?

¿Qué sucede exactamente cuando te excitas? ¿Cómo se siente físicamente? ¿Cómo se siente en tu cabeza o corazón? Una de las señales más obvias es la erección, pero también pueden suceder algunos otros efectos sutiles. Por ejemplo, tu piel se eriza, los vellos se levantan, te sonrojas, tu patrón respiratorio cambia (a veces es más profundo y rápido, a veces más superficial), e incluso se te puede olvidar respirar.

Dentro y fuera

La respiración tiene un papel importantísimo en todos los aspectos de la vida, incluyendo el sexo. Intenta imaginar el aire entrando por tu nariz, hacia los pulmones y hasta tus genitales –esto puede fortalecer tus orgasmos–; asegúrate de estar en un lugar donde puedas hacer un poco de ruido.

Algunos sentidos pueden reducirse; quizá sientas que el resto del mundo fuera de tu cuerpo se desvanece. Algunos sentidos se agudizan; tal vez te vuelvas más consciente de las cosas que suceden a tu alrededor. La sexualidad es algo extremadamente individual y por ello no todas las personas reaccionan de la misma manera. A veces puedes sentir miedo o confusión, frustración o ira; quizá sientas frío o comiences a temblar. Algunas personas se sienten fuera de su cuerpo y otras no experimentan ningún tipo de respuesta.

Si no te gusta la manera en la que respondes al sexo o te hace sentir incómodo, puede ser una señal de que no estás a gusto con el sexo o la relación en la que estás involucrado. Para obtener más información o apoyo al respecto, llama o acude a las agencias y páginas de Internet en la lista al final de este libro.

Tu sistema reproductivo o "tus partes"

Los órganos reproductivos no se limitan a tu pene. Muchas de las partes que conforman este sistema se encuentran dentro de tu cuerpo. Para darte un *tour* completo, seguiremos el viaje de un esperma, desde su creación en los testículos hasta la eyaculación.

¡TODO ESTO Y EL PLACER!

Además de su función reproductiva, estas partes pueden proporcionar una gran cantidad de placer. La próstata y la cabeza del pene están repletas de terminaciones nerviosas súper sensibles; los testículos están ahí para producir esperma, pero acariciarlos, besarlos o estimularlos de otras maneras genera una sensación extremadamente placentera.

Los testículos (pelotas, huevos, bolas, etcétera) son un par de glándulas ovaladas cuyo principal propósito es producir espermatozoides y testosterona. Estos órganos cuelgan en el interior del escroto (bolsa, saco, etcétera), pues estar fuera del cuerpo los mantiene saludables a una temperatura menor.

La testosterona es la hormona masculina (o andrógena) responsable de lo que nos define como hombres: el crecimiento y los cambios físicos durante la pubertad se manifiestan gracias a esta hormona, la cual también desempeña un papel importante en la sensación de bienestar, afecta el apetito sexual y ayuda a prevenir la osteoporosis. Por supuesto, también se encarga de mantener la producción de esperma.

Los espermatozoides son las células reproductivas masculinas. Son tan pequeños que es imposible verlos a simple vista, pero si los miras a través de un microscopio te darás cuenta de que se parecen un poco a los renacuajos. Sus colas sirven para ayudarlos a nadar hacia su objetivo: el óvulo.

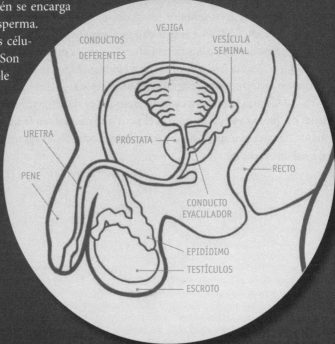

CONDUCTOS
DEFERENTES

VEJIGA

VESÍCULA
SEMINAL

URETRA

PRÓSTATA

RECTO

PENE

CONDUCTO
EYACULADOR

EPIDÍDIMO

TESTÍCULOS

ESCROTO

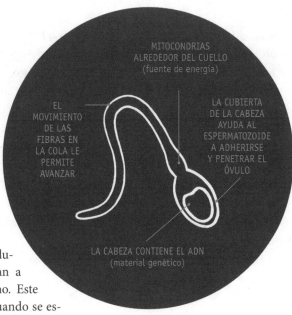

MITOCONDRIAS
ALREDEDOR DEL CUELLO
(fuente de energía)

EL
MOVIMIENTO
DE LAS
FIBRAS EN
LA COLA LE
PERMITE
AVANZAR

LA CUBIERTA
DE LA CABEZA
AYUDA AL
ESPERMATOZOIDE
A ADHERIRSE
Y PENETRAR EL
ÓVULO

LA CABEZA CONTIENE EL ADN
(material genético)

Después de que los testículos producen los espermatozoides, éstos viajan a través de un tubo llamado epidídimo. Este tubo enrollado mide cinco metros cuando se estira y está conectado a la parte posterior de los testículos.

Es aquí donde los espermatozoides terminan de madurar y adquieren la habilidad de nadar.

Cuando un hombre llega al clímax sexual, su cerebro envía mensajes a través de su sistema nervioso para contraer los músculos de la pelvis.

Estas contracciones transportan a los espermatozoides del epidídimo hacia otro tubo llamado conducto deferente, el cual los dirige hacia el interior del cuerpo y hasta el conducto eyaculador, donde se mezclan con una variedad de fluidos diseñados para mantenerlos en buenas condiciones.

Estos fluidos se generan en las glándulas de Cowper, en la próstata y en la vesícula seminal:

» Las glándulas de Cowper producen un fluido que se expulsa antes de la eyaculación para neutralizar los restos de orina (la cual es demasiado ácida para los espermatozoides) que puedan haberse acumulado en la uretra (el tubo encargado de transportar la orina de la vejiga y el esperma a través del pene para salir por la punta).

» La glándula de la próstata crea un fluido para proteger y alimentar a los espermatozoides (la vagina no es del todo apta para ellos). Este líquido rodea a los espermatozoides y funciona como una barrera.

» El fluido producido en las vesículas seminales es rico en un tipo de azúcar que puede ser una fuente de energía para los espermatozoides.

Los espermatozoides y estos fluidos se mueven a través de la uretra y son expulsados por el extremo del pene durante la eyaculación.

Cuando un hombre eyacula dentro de un condón o en otro lugar fuera de la vagina, es el fin de la vida de los espermatozoides.

Si un chico eyacula dentro de la vagina y no hay un condón que recoja el semen, los esper-matozoides intentarán nadar hacia arriba a través del cuello del útero. Algunos métodos anticon-ceptivos hormonales espesan las mucosas del cérvix, lo cual evita el paso de los espermatozoides.

Si los espermatozoides logran cruzar el cérvix nadarán directamente hacia el útero y hasta las trompas de Falopio en busca de un óvulo para fertilizar.

Cuando el óvulo es fertilizado, comienza a crecer y bajar por la trompa de Falopio hasta llegar al útero, y finalmente se adhiere a la pared uterina. Algunos métodos anticonceptivos hormonales hacen de la capa protectora del útero un lugar inhóspito para el óvulo, lo cual impide su debida implantación.

Si el espermatozoide tiene suerte, aproximadamente cuarenta semanas después de la concep-ción (el momento en el que el espermatozoide fertiliza el óvulo) un nuevo ser humano llegará a este mundo.

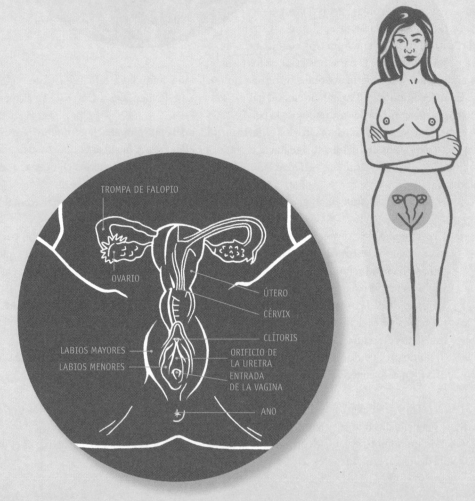

TROMPA DE FALOPIO

OVARIO

ÚTERO

CÉRVIX

CLÍTORIS

LABIOS MAYORES

LABIOS MENORES

ORIFICIO DE
LA URETRA

ENTRADA
DE LA VAGINA

ANO

Autoexploración testicular

El mejor momento para buscar bultos o protuberancias en los testículos es después de una ducha caliente o un baño en tina, pues el calor y la humedad hacen que cuelguen más bajo y estén más sensibles al tacto. Por lo general, uno de los testículos es más grande que el otro, y uno de ellos suele colgar más que el otro; es completamente normal.

Toca un testículo a la vez, pásalo entre tu índice y pulgar buscando algún cambio; recuerda, lo más importante es fijarte en la forma y tamaño. Debes aprender a reconocer y localizar el epidídimo en la parte posterior de los testículos; muchísimos chicos lo confunden con bultos peligrosos. Si sientes dolor o que tus testículos están más pesados (como si los jalaran hacia abajo), puede ser síntoma de que algo anda mal. Si notas algún cambio acude a tu doctor para hacerte una revisión. La mayoría de los bultos son quistes inofensivos, pero sólo estarás seguro después de consultar a un médico. La buena noticia es que el cáncer testicular es uno de los tipos de cáncer más tratables. Sin embargo, es recomendable que los chicos comiencen a palpar sus testículos desde los quince años.

LA EYACULACIÓN Y LOS ORGASMOS

Muchos chicos piensan que la eyaculación y el orgasmo son la misma cosa. Se equivocan. El orgasmo es una descarga intensa de sensaciones que sucede cuando se alcanza el clímax o punto máximo de la excitación sexual. La eyaculación es el momento en que tu pene expulsa semen.

Aunque muchas veces las dos cosas ocurren al mismo tiempo, algunos hombres son capaces de tener orgasmos sin eyacular y otros pueden eyacular sin tener un orgasmo. Con frecuencia, los hombres se refieren al orgasmo sin eyaculación como "orgasmo de cuerpo completo". Algunos sugieren que es posible entrenar tu cuerpo para tener orgasmos sin eyacular con el siguiente método: debes masturbarte hasta estar a punto de eyacular y luego parar un momento, antes de seguir hasta llegar de nuevo al momento previo a la expulsión de semen. La idea es repetir estos pasos hasta que alcances un orgasmo de cuerpo completo. Quizá no lo logres a la primera, y de hecho es posible que este método nunca te funcione, pero no negarás que la práctica implica muchísimo placer y diversión.

Si quieres tener sexo con una chica, te recomendamos darle vuelta a este libro y enterarte más sobre su cuerpo y cómo funciona, en especial cuando se trata del clítoris y el punto G. También hablaremos del cuerpo femenino con mayor detalle en el capítulo 5: "Hacerlo".

DIFERENTES TIPOS DE PENE

Una de las desventajas de la pornografía es la posibilidad de caer en la trampa de pensar que un pene "normal" mide treinta centímetros, tiene la forma perfecta y siempre está erecto. Esto es falso. En realidad existe una gran variedad de penes "normales".

Al igual que las personas, los penes vienen en muchas formas, tamaños y colores; y todos son normales. Los penes pueden no ser completamente derechos y tener un ángulo o doblez; pueden estar circuncidados o tener prepucio, y todos ellos son normales. Pueden ser largos, cortos, gruesos o delgados; un pene se puede ver distinto según el nivel de excitación –como estar suave y flácido o duro y erecto– ¡y hasta puede cambiar de color!

A veces el aspecto de nuestro pene nos llega a preocupar. Además de la obsesión con el tamaño, los chicos suelen angustiarse por la curvatura o el ángulo de su pene.

Muchos penes tienen cierta curvatura. Esto puede ser una característica normal e inofensiva, pero también puede ser un síntoma temprano de la enfermedad de La Peyronie. No se trata de una condición adquirida, en realidad se parece más a un callo del pie. Las células de la piel en una zona del pene se endurecen como una cicatriz, lo cual hace que no pueda estirarse como el resto de la piel, generando una curvatura. La buena noticia es que existe tratamiento para esta enfermedad.

Si te preocupa el aspecto o funcionamiento de tu pene, te recomendamos contactar una de las agencias de la lista al final de este libro.

Lo normal de lo normal

Las personas suelen sentirse muy presionadas para tener un aspecto "normal". Esto puede dificultar la comunicación abierta y muchas veces impide que nos sintamos bien sobre lo que hacemos (o no hacemos) en nuestra vida sexual. *Recuerda: lo normal no existe.* Por supuesto, hay cosas más comunes que otras, y con frecuencia escucharás datos sobre tamaños promedio, etcétera. Esto se debe a que vivimos en un mundo de estadísticas donde las personas siempre intentan comprimir y resumir grandes cantidades de información para poder manejarla con mayor facilidad.

Desafortunadamente, esto puede generar mucho miedo, vergüenza y culpa, en especial cuando se trata de cosas relativas al sexo o a la sexualidad. El miedo a no ser igual a los demás puede hacer que decidas aislarte y evitar hablar de tu cuerpo, de tu actitud hacia el sexo, de tus fantasías o de cómo "hacerlo". A veces podrías llegar a pensar que eres un poco fuera de lo común… o que de alguna manera estás mal. "Creí que sólo me pasaba a mí" es un enunciado muy frecuente.

No siempre es fácil aprender a amar tu cuerpo si no se ve o funciona como desearías. Por ejemplo, hay muchos tabúes alrededor de la sexualidad y las discapacidades. Muchas veces las personas discapacitadas no son percibidas como seres sexuales y no reciben información sobre el placer o el sexo seguro. Las pocas veces que su sexualidad es discutida, por lo general se aborda de manera irrespetuosa o por morbo. Las discapacidades pueden limitar a las personas, ¡pero el sexo es ilimitado!

Muchas veces tenemos miedo a hablar sobre las cosas que nos excitan por miedo a ser etiquetados. Sin embargo, una búsqueda rápida en Internet te ayudará a encontrar foros y comunidades para casi cualquier interés o pasión.

Muchos chicos homosexuales hablan de toda la energía que gastaron en aparentar ser heterosexuales antes de salir del clóset. A veces esto incluso implicaba comportarse de manera homofóbica o tener relaciones sexuales con una chica. Aceptar que hay muchas maneras distintas de ser normal libera una gran parte de tu cerebro y tu tiempo, pues si dejas de invertir tu esfuerzo en "parecer normal", te darás cuenta de que todos a tu alrededor están intentado hacer lo mismo.

"¿ESTOY CÓMODO CON LA MANERA EN QUE PERCIBO MI SEXUALIDAD?"

¿CUÁNTO DEBE MEDIR UN PENE PROMEDIO?

Muchos chicos se preocupan por el tamaño de su pene, pero, tal y como descubrirás en el capítulo "Hacerlo", los puntos de placer en las mujeres (y en los hombres) se encuentran al alcance de la mayoría de los penes. Compararte con medidas poco realistas es muy decepcionante. Por lo general, los únicos penes erectos que vemos son los de la pornografía, pero estos hombres no son promedio y definitivamente no los eligen por sus habilidades actorales. Los penes flácidos tampoco son un buen punto de comparación, pues su tamaño puede variar por varias razones. Tu pene puede encogerse un poco cuando hace frío o tienes miedo. Esto es un sistema de autoprotección, así que no temas: saldrá de su escondite.

Para todos los chicos que quieren saber más sobre tamaños promedio y otras cosas estadísticas, aquí vamos:

» La edad promedio de la primera relación sexual varía según el país y la región. Por ejemplo, en México oscila entre los 15 y 16 años (según datos de la Comisión Nacional de Población, 2009).

» El tamaño del pene erecto promedio es entre 14.75 y 15.75 centímetros. El pene más grande mide 25 centímetros y el más pequeño 2.5 centímetros. Si un pene mide menos de 2.5 centímetros, es llamado "micro pene" (datos obtenidos de Informe de Kinsey y Pomeroy).

» La cantidad promedio de semen por eyaculación es de 3 a 5 mililitros, más o menos una cucharadita (*Urge*, 2002).

» En una encuesta realizada a 34 000 usuarios de Internet (la mitad eran menores a 25 años) para determinar la cantidad promedio de parejas sexuales, 4% de los encuestados respondieron haberse acostado con más de 100 personas, 3% dijo haber tenido relaciones sexuales con menos de 100 y más de 50 personas, 7% dijo haber tenido entre 21 y 30 parejas, 14% respondió entre 11 y 20 y 20% dijo haberse acostado con entre 5 y 10 personas (*Atlas del comportamiento sexual humano*, Penguin, 2000).

En mi opinión, esos números dicen muy poco; son información promedio. Te sugiero que disfrutes lo que tienes y lo que haces. Si no lo estás disfrutando, no dudes en solicitar apoyo para hacer los cambios necesarios en tu vida. El sexo puede ser algo muy especial, ¿por qué querrías conformarte con el promedio?

¿Por qué los chicos tienen pezones?

Cuando los seres humanos comienzan a formarse dentro del útero el género no existe. En ese momento somos básicamente iguales. Así es, ¡no siempre fuimos hombres! Los pezones se desarrollan antes de que la testosterona detone los cambios que nos hacen varones.

Otra evidencia de esto es la línea que va de la parte posterior del escroto hasta abajo de la punta del pene: si hubieras nacido mujer, ésa sería la abertura de tu vagina.

SEXO *VERSUS* GÉNERO

¿Cuál es la diferencia entre sexo y género? En pocas palabras, el "sexo" se determina por nuestra biología, los órganos entre nuestras piernas: hombre o mujer. El género tiene que ver con el comportamiento y se determina según cómo actuemos, de manera masculina o femenina. Las dos explicaciones anteriores son limitadas. Quizá los chicos no hablan mucho sobre sus sentimientos por temor a ser tachados de femeninos; sin embargo, las emociones son parte de la vida saludable de los seres humanos.

Por lo general, pensamos que las personas son una de dos: hombre o mujer, pero en realidad no es tan sencillo. Hay muchísimos ejemplos de individuos que no caben del todo en ninguna de estas cajas. Algunas personas nacen con órganos reproductivos que no son clara y únicamente femeninos o masculinos. Quizá la palabra "hermafrodita" te sea familiar: es un viejo término médico utilizado para referirse a las personas que ahora llamamos "intersexuales" (un nuevo término médico). Tal vez también hayas escuchado el concepto "transgénero". Según muchas organizaciones, como la Clínica Especializada Condesa, en la ciudad de México, esta palabra puede utilizarse para "englobar las distintas formas de expresión de la identidad de género", es decir, a todos los seres humanos cuya identidad de género no corresponde a su sexo biológico http://condesadf.mx/transgenero.htm.

Además de las diferencias físicas evidentes, existen otros aspectos que varían dependiendo de si una persona es mujer u hombre. Una es la función cerebral. No, ningún género es más inteligente que el otro; simplemente funcionan de maneras distintas; dígase, no procesamos la información de la misma forma. Por ejemplo, algunos chicos son mejores para calcular distancias y algunas chicas son mejores para hablar de sus emociones o relaciones. Dicho esto, es importante mencionar que lo contrario también es cierto y, para complicar las cosas aún más, debemos aclarar que el cerebro humano cambia a partir de nuestras experiencias.

Otra diferencia se encuentra en nuestros cromosomas, los cuales contienen la información genética en las células. Lo más común es que los chicos sean XY y no XX, pero éste no siempre es el caso.

Como dije, no es tan simple.

Desafortunadamente no tenemos espacio suficiente en este libro para explorar a profundidad todas las diferencias y sus implicaciones, pero en la sección "Aprende más" encontrarás páginas de Internet que contienen más información al respecto.

PREGUNTAS DIFÍCILES

P   ¿Es verdad que los chicos necesitan venirse y que si no eyaculan sus testículos pueden explotar o ponerse azules?

R   No, es un mito... más o menos. El cuerpo absorbe el exceso de semen. Los testículos podrían llegar a sentirse un poquito adoloridos después de la excitación prolongada sin eyaculación, pero no causa problemas ni daños a la salud. En mi opinión, es un viejo truco para hacer que las personas tengan relaciones sexuales. Además, siempre te puedes masturbar para aliviar cualquier incomodidad.

P   ¿Es saludable sentirse caliente desde muy joven?

R   Desde el nacimiento y hasta la muerte somos seres sexuales. Tengo dos hijos y he trabajado en asilos de ancianos, así que sé que esto es cierto por experiencia propia. Es posible asociar la sensación de excitación o de estar caliente con emociones distintas a la estimulación sexual. Por ejemplo, podemos tener erecciones cuando nos sentimos seguros y protegidos, cuando tenemos miedo y hasta mientras estamos dormidos. Sentir esta calentura es saludable en todas las edades, siempre y cuando estés cómodo con ello.

Capítulo 3

El sexo, tu mente y tú

"Si eso te excita y así satisfaces tus necesidades, entonces está perfecto."

"El sexo es lo que quieras que sea, o lo que le permitas ser."

"Estar en contacto con nuestro cuerpo también es estar en contacto con el sexo."

LAS CONEXIONES ENTRE TU MENTE Y CUERPO a veces son simples y obvias, y otras, complejas y místicas. Cuando se trata de sexo, estas conexiones pueden ser todo eso al mismo tiempo.

El cuerpo es uno de los tabúes más importantes en nuestra sociedad. Nos enseñan a cubrirnos, a no tocarnos y a compararnos con ideales de belleza muchas veces inalcanzables. Luego nos enseñan a sentirnos mal por no estar al nivel del modelo a seguir, ¡es repugnante! Por lo general, podemos señalar con facilidad las características de nuestro cuerpo que no nos gustan; identificar los aspectos que sí nos satisfacen puede ser más difícil.

Sólo tienes un cuerpo. Quizá sea buena idea comenzar desde ahora una amistad con él. Si le das la oportunidad, podría brindarte muchísimo placer. Entonces, comienza a notar las cosas que te gustan a TI de TU cuerpo. Sentirte bien con respecto a tu cuerpo puede ser un ingrediente clave para ser positivo ante el sexo.

"¿ESTÁ BIEN TENER EXPECTATIVAS?"

Estar "en contacto" con tu cuerpo

Con todas las molestias de la pubertad (erecciones inesperadas, sueños húmedos y la incomodidad general del crecimiento), quizá te sientas un poco desconectado de tu cuerpo y decidas que es más fácil ignorarlo por completo. Sin embargo, no ponerle atención significa que no te estás respetando a ti mismo. Además, no te hará sentir mejor.

A veces, cuando te excitas, puedes perderte en el miedo, vergüenza o culpa. Todas estas emociones te impiden estar en "contacto" con tu cuerpo. Déjalas ir.

Piensa en todo lo que tu cuerpo siente al pasar por distintos estados emocionales:

- » ¿Cómo se siente cuando estás feliz?
- » ¿Cómo se siente cuando tienes miedo, estás triste, confundido, caliente o seguro?
- » ¿Cómo se siente cuando te masturbas? ¿Estás relajado o tenso?
- » ¿Qué emociones sientes cuando tienes sexo? ¿Te pones nervioso?

Las emociones son herramientas útiles para estar consciente de lo que sucede dentro de ti y a tu alrededor. Estar al tanto de ellas te puede ayudar a tomar decisiones seguras y a intensificar el placer en cada experiencia. Una de las cosas más efectivas para entrar en contacto con tu cuerpo es ejercitarte de manera regular. Intenta hacer estiramientos, recibir masajes, meditar, practicar tai chi, bailar o jugar algún deporte. Comer y dormir bien también te ayudará a mantenerte en forma. Todas estas cosas son la base para una gran vida sexual.

EXPLORA TU MENTE Y TUS EMOCIONES

La identidad sexual es mucho más que definir quién te atrae. La cultura, tus creencias, valores, actitudes, amistades, familia y experiencias influyen mucho en ella. Pregúntate lo siguiente:

- » ¿Quién te atrae?
- » ¿Cuáles son tus expectativas respecto al sexo?
- » ¿Qué esperas de ti mismo?
- » ¿Qué esperas de tu pareja? ¿Quieres satisfacer a tu pareja?
- » ¿Cómo definirías tener "buen sexo"?
- » ¿Cuáles son tus barreras personales? ¿Cuándo y por qué dirías "no"?
- » ¿Qué cosas te gusta experimentar sexualmente? ¿Qué cosas no?
- » ¿Qué cosas podrías llegar a negociar con tu pareja?

"¿QUÉ IDEAS NEGATIVAS TENGO SOBRE MI CUERPO? ¿CÓMO PUEDO REEMPLAZARLAS POR IDEAS POSITIVAS?"

¿Por qué pensamos lo que pensamos?

La manera en la que vemos el mundo puede cambiar a lo largo de nuestra vida. Piensa en los cambios de actitud que la humanidad ha tenido frente a cosas como la niñez, el racismo, la esclavitud, los derechos de las mujeres y la homosexualidad; todos son ejemplos de esto a gran escala. Cuando era adolescente creía que el sexo se reducía a la penetración. Pero mis experiencias me han demostrado que es mucho más que eso. Por ello, ahora me concentro en relacionarme y disfrutar en conjunto con mi pareja y no sólo en "meter y sacar".

Nuestras creencias guían nuestras acciones, y éstas tienen consecuencias que pueden cambiar las primeras. Así es como la gente madura y se desarrolla. Puedes tener experiencias que te incentiven a tomar riesgos. Por ejemplo, quizá creas que usar condón es una pérdida de tiempo, así que podrías tomar la decisión de tener sexo sin protección (acción) y no contagiarte de alguna enfermedad (consecuencia), lo cual reforzaría la creencia de que los condones son inútiles. Sin embargo, aprender sobre los riesgos que esto implica, o temer haberte contagiado de alguna ITS o pasar por el susto de la posibilidad de un embarazo no planeado, te puede convencer de lo contrario.

El modelo del iceberg o por qué hacemos lo que hacemos

El comportamiento de la gente es como un iceberg: sólo 10% está a la vista y 90% está escondido bajo el agua. Nuestro comportamiento es ese 10% visible; lo invisible son nuestras creencias, valores, actitudes, experiencias pasadas y contexto cultural. Todo esto afecta quiénes somos y por qué y cómo hacemos lo que hacemos. La gente es tan distinta por esta razón: todos hemos tenido experiencias diferentes en la vida, y por ello, nadie experimenta el sexo y la sexualidad de manera idéntica.

Saber por qué haces lo que haces o estar "en contacto" con tu mente puede ayudarte a actuar por tu cuenta en lugar de imitar sin pensar. Entender que las personas actúan por una serie de razones distintas puede ayudarnos a desarrollar empatía, una emoción útil si quieres construir una relación con otra persona.

"¿CUÁLES SON MIS CREENCIAS SOBRE EL SEXO?"

¡Manos a la obra!

La masturbación, la *chaqueta*, *paja*, *practicar el amor propio*, *jugar con Manuela*, como sea que le llames al acto de autosatisfacción sexual, puede ser una gran manera de descubrir qué te excita. También es una buena forma de aliviar el estrés y ayudarte a conciliar el sueño. Si no te gusta mucho *sacarle brillo a la banana*, no pasa nada. Nadie debe practicar un acto sexual que no disfrute. Pero aquí está la buena noticia: la masturbación es buena para tu salud. El director del Consejo de Oncología del Centro de Epidemiología de Victoria, en Australia, encontró que las probabilidades de desarrollar cáncer de próstata son menores para los hombres que eyaculan con mayor frecuencia. Este investigador descubrió que los hombres que eyaculan siete o más veces a la semana durante sus veintes tienen un tercio menos de probabilidades de desarrollar cáncer de próstata agresivo ("El cáncer de próstata y los factores sexuales", *Revista Británica de Urología*, vol. 92, pp. 211-16).

Pero lo más importante es que la masturbación es una gran manera de aprender sobre tu propia sexualidad.

TIPS DE PLACER

Decidí incluir algunos tips de placer porque, bueno, ¡porque se sienten muy bien! Recuerda que la masturbación no se trata sólo de tu pene: aprende a explorar y disfrutar todo tu cuerpo.

TIP DE PLACER 1: Usa lubricante a base de agua cuando te masturbes, la experiencia será muy suave y disfrutable; a veces puede ser un poco desastroso, pero es súper divertido y se quita con agua.

TIP DE PLACER 2: La masturbación no tiene que terminar con la eyaculación. Intenta tocar otras partes de tu cuerpo después de que te hayas venido.

TIP DE PLACER 3: Venirse después de un periodo de tiempo prolongado puede ser más disfrutable que la rápida dosis diaria.

TIP DE PLACER 4: El cambio puede ser algo bueno. Prueba diferentes materiales, fantasías, manos, temperaturas (intenta usar hielo o calentar el lubricante, sólo ten cuidado de no utilizar de esas pomadas o cremas musculares que se calientan, porque ¡auch!). También puedes variar la fuerza o la presión que ejerces. Todos estos elementos te darán experiencias distintas, el único límite es tu imaginación (y las leyes, claro).

TIP DE PLACER 5: Asegúrate de tener suficiente tiempo y privacidad, así podrás dejarte ir sin preocuparte de que alguien te interrumpa en plena acción.

TIPS DE HIGIENE

Mantener tu cuerpo limpio y saludable es uno de los tips de placer más importantes: no sólo demuestra que procuras cuidar tu cuerpo, sino también que eres considerado con tu pareja. Aquí encontrarás algunas pistas para seguir disfrutando el sexo.

TIP DE HIGIENE 1: Lávate las manos antes de tocarte.

TIP DE HIGIENE 2: Limpia cuando acabes. Algunos chicos tienen un trapo especial para el semen; puede ser una toalla, un calcetín, un pañuelo o unos bóxers. Otros usan sus sábanas. No importa el método, sólo recuerda lavarlo con regularidad, pues el semen viejo se vuelve apestoso.

TIP DE HIGIENE 3: Algunos chicos se masturban y se vienen en un condón, luego lo atan y lo tiran (no intentes desecharlo en la taza del baño; cuando el plomero por fin destape la cañería, el regaño sin duda te tocará a ti).

TIP DE HIGIENE 4: Hay quienes optan por venirse en el piso; si eres de ellos, quizá sería una buena idea lavar la alfombra de vez en cuando.

TIP DE HIGIENE 5: Algunos prefieren masturbarse y venirse en la regadera o en la tina. Sólo recuerda enjuagarla al terminar.

TIP DE HIGIENE 6: Intenta lavar tus genitales todos los días, aunque sea con una enjuagada rápida. Esto puede prevenir olores indeseados.

Masturbación: ¿Qué tanto es demasiado?

Muchos chicos se preguntan si han exagerado. La verdad es que no hay una cantidad correcta determinada. Una buena forma de saberlo es si tu piel se pone sensible de tanto frotarla, o si hacerlo te impide realizar tus actividades cotidianas. En cualquiera de estos casos, quizá sería buena idea parar por un tiempo o tomarlo con más calma. Si te masturbas más de lo que te gustaría y requieres apoyo, puedes contactar alguna de las instituciones o consultar las páginas de la lista en la sección "Aprende más".

La verdad sobre la pornografía

En el capítulo 1 hablamos un poco sobre la pornografía y la educación sexual. Hay quienes creen que el porno puede influir en la actitud o expectativas de las personas respecto al sexo, e incluso afectar el sexo que practican, tanto para bien como para mal. Lo que algunos llaman "pornografía" otros lo llaman "arte" o "erotismo"; es un debate acalorado.

Las imágenes de personas teniendo relaciones sexuales han existido por miles de años. Ahora, con el Internet y los medios digitales, están más disponibles que nunca. En términos estadísticos, la mayoría de las descargas son relativas a la pornografía. Como el gobierno no puede regular Internet y los teléfonos inteligentes por completo, gente de todas las edades tiene acceso a casi cualquier cosa, incluyendo imágenes violentas, degradantes o capaces de generar una falsa idea del sexo y la sexualidad. Debes estar muy consciente de que no todo el porno es legal.

VENTAJAS Y DESVENTAJAS DE LA PORNOGRAFÍA

No quiero decir que todo el porno es bueno o malo, pero es importante aclarar que existen cosas definitivamente malas: toda la pornografía en la que exista abuso, no involucre consentimiento, implique menores de edad o animales está mal. Ver porno violenta o degradante también puede afectar negativamente tus relaciones, el sexo que tienes, tu salud y bienestar.

¿Por qué algunas personas odian la pornografía?

» La pornografía puede ofender a ciertas personas de manera profunda.

» La pornografía suele explotar a las mujeres. Por lo general, las mujeres que trabajan en esta industria sólo interpretan papeles sumisos y el único propósito de su existencia es satisfacer a los hombres.

» La pornografía explota a los hombres porque la industria se aprovecha de sus necesidades, fantasías e inseguridades para enriquecer a unos pocos.

» La pornografía explota a todas las personas al convertir el sexo en un producto.

» La pornografía puede tener un gran impacto en las relaciones. A veces las parejas tienen celos, se sienten olvidadas o como si no pudieran competir con el deseo del otro de ver pornografía.

» Algunos chicos dicen ser adictos a la pornografía.

» La pornografía presenta un ejemplo irreal del sexo; esto puede presionar a las personas a desempeñarse sexualmente como una estrella de este tipo de películas o hacer cosas con las que no están cómodos. Además, nunca vemos las escenas en las que se equivocan.

¿Por qué algunas personas aman la pornografía?

» Ver porno puede darle sazón a tu vida sexual, siempre y cuando tu pareja y tú lo disfruten.
» La pornografía brinda placer sexual.
» Puede ser utilizada como una herramienta de educación sexual, pues te ayuda a entender maneras de expresar tu sexualidad.
» Ver porno no conlleva riesgo de embarazo o de contagio de ITS.
» La pornografía puede ser una buena opción para las personas cuya sexualidad no suele ser retratada en los medios populares.
» La pornografía es una oportunidad para discutir con tu pareja las cosas que te gustaría y no te gustaría hacer.

"¿QUÉ OPINO DE LA PORNOGRAFÍA?"

Por lo general estas películas están hechas por y para hombres, por ello no contemplan muchas de las ideas que las mujeres tienen sobre la sexualidad y sus relaciones. Esto puede crear una noción muy desequilibrada de qué es el sexo. Además, es limitada si lo que buscas es tener relaciones con una chica y darle placer.

Dale la vuelta a este libro para ver las opiniones sobre la pornografía en *Sexpectativas Ellas*. Una buena fuente de información con respecto a lo que las chicas piensan son las revistas que leen: muchas contienen artículos sobre sexo y relaciones. No te saltes temas como las relaciones abusivas y el sexo no deseado, pues es una gran manera de aprender qué no hacer. Sin embargo, si tienes la posibilidad de hablar de sexo con tu pareja de manera honesta y directa, intenta consultar la fuente de primera mano.

Sexting: ¿porno o diversión?

Muchas parejas intercambian mensajes de texto o imágenes sexys. Algunas personas lo consideran un juego divertido, pero otras dicen que es pornografía. Si quien sale en la foto es menor de 18 años, pueden culparte de producir o distribuir pornografía infantil. Este tipo de cargos te pueden perseguir toda la vida. Con los medios digitales corres el riesgo de que tu imagen sea utilizada de maneras que no puedes controlar. Una vez que está en la red, se sale de tus manos.

Si quieres utilizar la pornografía de manera positiva y respetuosa, está bien. Pero si te preocupa el uso que le das y deseas ayuda, contacta alguna de las instituciones o páginas de Internet en la sección de recursos de este libro.

PREGUNTAS DIFÍCILES

P   ¿Cómo puedo saber si algún material pornográfico es bueno o malo?

R   Cuando se trata de arte, todo mundo tiene opiniones divididas sobre lo bueno y lo malo; sin embargo, cuando hablamos de porno guíate por el placer. Pregúntate si las personas participan en lo que están haciendo en pantalla de manera voluntaria. ¿Parece que lo disfrutan? ¿Se tratan con respeto? ¿Está claro que hay consentimiento respecto a lo que hacen? Si es así, entonces es posible que hayas encontrado una fuente de entretenimiento positiva y respetuosa.

Si parece que están soportando cosas que las incomodan o que no hay consentimiento voluntario y libre, entonces deberás preguntarte qué sucede. ¿En verdad quiero excitarme a partir del sufrimiento y vulnerabilidad ajena?

P   ¿Qué hago si mi pareja no está de acuerdo con mis reglas sexuales?

R   En este caso debes considerar qué es más importante para ti: estar en esa relación o que tu pareja cumpla todas tus reglas. Quizás ayude pensar cuáles son las reglas en cuestión. ¿Es una en particular o son todas? ¿Tus reglas son inamovibles o estás dispuesto a negociar?

Si tu pareja ignora todas tus reglas puede ser muy difícil, aunque no imposible, mantener una relación saludable con ella. La comunicación y negociación son esenciales para satisfacer nuestras necesidades cuando estamos en una relación. Si tu pareja y tus reglas se oponen, tal vez sea mejor terminar y encontrar a otra persona con la que seas más compatible en términos sexuales.

P   Un amigo me acaba de decir que es gay. Quiero apoyarlo, ¿qué puedo hacer?

R   Mantener la amistad es la mejor manera de empezar. Ser homosexual no siempre significa requerir apoyo de ningún tipo, pero si crees que él la está pasando mal, la mejor manera de ayudar es preguntar qué puedes hacer para mejorar su situación. Muchas veces nos parece fácil hacer lo que creemos correcto, sin escuchar lo que el otro quiere. Lo más importante es que la decisión de cómo y cuándo decirles a otras personas es suya. Si tu amigo no quiere que otros sepan, asegúrate de no "sacarlo del clóset" por accidente.

Tal vez tu amigo sienta la necesidad de hablar sobre su identidad sexual, pero es posible que sólo quiera decirte lo que le sucedió el fin de semana. Salir del clóset puede cambiar muchas cosas, pero es importante recordar lo que los llevó a ser amigos y cuidar estos aspectos.

Capítulo 4

La primera vez:

Lujuria, amor y todo lo demás

"Estar borracho no fue de mucha ayuda."

"Habíamos estado juntos por mucho tiempo y habíamos hablado de sexo. Cuando lo hicimos fue una progresión natural de la exploración mutua."

Las primeras experiencias sexuales suelen ser confusas: por un lado está la emoción y el placer de compartir el momento con alguien y el alivio de finalmente "hacerlo", combinado con la decepción o vergüenza de expectativas no cumplidas o el miedo y confusión de tener relaciones indeseadas.

Con frecuencia, las primeras experiencias sexuales son juegos entre amigos. He conversado con muchos chicos que se avergüenzan profundamente de haber experimentado con otros hombres, desde masturbarse juntos hasta jugar espaditas en la regadera. Este tipo de cosas son exploraciones naturales de la sexualidad; no es hasta que la homofobia entra en la ecuación (miedo u odio hacia personas atraídas por gente del mismo sexo) que se convierte en algo vergonzoso.

Las siguientes citas son frases pronunciadas por chicos reales acerca de su primera vez:

La primera vez que tuve sexo estuve a punto de no hacerlo. No quería ser el primero en actuar, seguramente fue muy frustrante para mi pareja. Ella había dejado muy claro que quería tener sexo conmigo y yo estaba ahí, como si nada, intentando verme casual. Y luego todo cambió: había visto muchos cuerpos desnudos antes, pero no así. Frente a mí había una persona deseosa de tocarme y de que la tocara. Fue genial sentir mi piel sobre la suya, el calor de otro cuerpo. No sabía muy bien qué hacer, así que me dejé llevar por los movimientos que había visto en las películas. No duró mucho tiempo. Cuando terminamos sólo quería que se fuera antes de que mis papás llegaran a la casa. Sabía que no era lo correcto, pero necesitaba estar solo. Fue muy confuso. Había soñado con tener sexo desde hacía mucho, y ahora que tenía la oportunidad, sólo quería que ella se marchara. No había amor real de mi parte, sólo quería un cuerpo cálido con quien acostarme. Creo que ella quería algo más, alguien que la sostuviera en sus brazos y le demostrara cariño, pero la verdad yo no sabía cómo darle eso.

Perdí mi virginidad en una fiesta loca. Todos estaban cayéndose de borrachos. Yo estaba acurrucado con una buena amiga, nos estábamos besando. Después salimos al patio trasero y nos acostamos en el pasto. Ahí comenzó a hacerme sexo oral y fue increíble, hasta que me dieron muchísimas ganas de orinar. Al poco tiempo se volvió insoportable y tuve que ir al baño. Cuando regresé, ella ya no quería mamarme, pero comenzamos a jugar de nuevo hasta que saltó sobre mí. Más tarde nos enteramos de que la mayoría de la fiesta nos estuvo observando. Fue muy vergonzoso.

La primera vez que tuve sexo fue con una prostituta que mis amigos contrataron por mi cumpleaños 18. Fue genial y aterrador al mismo tiempo. Tenía miedo de contagiarme de SIDA o de que fuera muy fea u oliera mal. Al final, parecía una mujer de negocios y era muy estricta con la onda del sexo seguro. Ella me enseñó más de sexo en una hora de lo que había aprendido en doce años de escuela. Me enseñó mucho sobre el respeto, el consentimiento y cómo llevar las cosas con calma. No le importó que me viniera rápido. Fue muy sensible conmigo.

Mi primera vez fue horrible y genial. Me gustaba mucho una chica que vivía cerca de mi casa. Un día comenzamos a hablar y terminamos en su casa, sentados en su cama. De pronto ella estaba encima de mí, lo cual suena muy bien excepto porque yo quería ir más despacio; sentí un poco de miedo. Cuando me vine, ella se levantó y dijo que me tenía que ir porque su novio estaba a punto de llegar. Eso me devastó. Yo tenía muchísimas ideas románticas sobre el amor y todo eso. No podía hablar con mis amigos de mis sentimientos porque se hubieran burlado de mí; además me consideraban una leyenda por haber tenido sexo.

Mi primera vez fue con una amiga que no quería que llegara virgen a la universidad. Después llegué a la universidad y descubrí a otros chicos, entonces tuve una segunda primera vez.

No estoy muy seguro si cuenta, pero mi primera vez dentro de una persona estaba tan ebrio que tuve dificultades para que se me parara. Técnicamente estuve dentro de ella, pero no me vine y no lo intentamos durante mucho tiempo más. Después de eso nos dimos otra oportunidad y ahora llevamos cuatro años juntos. Ella todavía me recuerda que el sexo borracho apesta.

He tenido muchas primeras veces: la primera vez con alguien nuevo siempre es especial pero aterradora. Creo que esa primera vez no debería contar, hay demasiada presión. Creo que deberíamos tener sexo al menos tres veces antes de juzgar si somos compatibles en términos sexuales con otra persona.

La primera vez estaba borracho y no encontraba dónde poner mi pene. Obviamente mis amigos se burlaron de mí. Cuando íbamos al minigolf me decían: "A ver si ahora sí puedes encontrar el hoyo". La segunda vez estaba sobrio y no tuve problemas. Estar ebrio la primera vez no me ayudó para nada.

Mi primera vez fue increíble, pero no pude contárselo a nadie. Tuve que actuar como si no fuera la gran cosa porque había fingido tener sexo mucho tiempo antes de eso.

"¿CÓMO QUIERES QUE SEA TU PRIMERA (O PRÓXIMA) VEZ?"

La virginidad y perderla

¿Qué es la virginidad? Una manera muy simple de verlo es que eres virgen si no has tenido sexo con otra persona. Perder tu virginidad significa hacerlo por primera vez. Sin embargo, puede ser un poco más complicado.

Algunas personas definen el sexo sólo como el acto penetrativo del pene en la vagina. En este sentido, ¿el sexo oral es sexo? ¿Recibir o dar sexo oral cuenta como perder la virginidad? ¿Qué hay del sexo anal? Algunas culturas lo practican como un método para preservar la virginidad, pues creen que sólo se puede perderla con el sexo pene-vaginal. ¿Pero qué pasa si sólo tienes sexo con otros chicos y tu pene nunca se acerca a una vagina?

¿Qué pasa en las situaciones de abuso sexual? Mucha gente considera que se trata de abuso de poder y no lo define como sexo, así que quizá no cuenta como perder la virginidad.

Entonces, hay muchos tipos diferentes de virginidad: oral, anal, vaginal, heterosexual. Pero recuerda que tu propia percepción es la más importante.

Algunas religiones definen la virginidad como algo sagrado, un regalo de Dios que se debe cuidar hasta el matrimonio. En algunas culturas esto es tan importante que se espera que las novias sangren durante el sexo en la noche de bodas, pues es una manera de comprobar la virginidad (este sangrado supuestamente sucede por la ruptura del himen, una capa de piel que cubre la vagina de manera parcial, en el momento de la penetración). A veces, algunas familias incluso quieren ver la evidencia: una sábana manchada de sangre. Sin embargo, el himen puede romperse al realizar un montón de actividades distintas, como equitación o ejercicio intenso. En este sentido, no es una herramienta muy útil para determinarla. En realidad esto sólo prueba cierta doble moral ya que los chicos no sienten la presión social de probarse vírgenes.

Para mucha gente la virginidad es algo muy importante y es común que algunos decidan esperar a la persona correcta o al matrimonio. Por otro lado, hay personas a las que no les importa en absoluto: no pueden esperar a perderla y comenzar su exploración sexual.

Perder la virginidad parece un asunto tan importante que mucha gente espera que su mundo entero cambie para siempre, y se siente decepcionada cuando nadie lo nota. Esto puede ser particularmente doloroso si ni siquiera tu pareja se da cuenta de cuánto te importa.

Si lo vas a hacer…

Nunca olvides que no hay una segunda oportunidad para tu primera vez. Mucha gente ha declarado sentir una gran decepción después de su primera experiencia sexual. La presión es tan sobrecogedora que probablemente termines pasándola regular, pero también puede ser vergonzosa, aburrida o incluso aterradora. La primera vez también puede generar dolor físico porque tu cuerpo realiza movimientos que nunca había hecho. Uno de los chicos que entrevisté estaba sorprendido ante la cantidad de energía necesaria para tener sexo: "Nadie me sugirió calentar o estirarme, ni nada".

El consumo de alcohol suele asociarse con la primera relación sexual. Tal vez sirva para relajar o desinhibir a las personas, pero también hace que tomen decisiones que no tomarían de otra manera. El alcohol puede influir en tu elección de pareja, en la decisión de tomar precauciones o no (condones, siempre), o la capacidad de saber si existe consentimiento. Si una persona está demasiado ebria como para decir no, también lo está como para decir sí. Y si en verdad quieres tener sexo con una persona, pero en ese momento se encuentra bajo los efectos del alcohol o las drogas, espera a que esté sobria para asegurarte de que también desea tener sexo contigo.

Esto no es una sugerencia: asegurarte de que existe consentimiento es una obligación. Si no estás seguro, tómalo con calma y nunca intentes engañar, forzar o manipular a otra persona.

HACERLO BIEN A LA PRIMERA

La buena noticia es que mucha gente ha tenido una buena primera experiencia. ¿Qué marca la diferencia?

Las expectativas respecto a la primera relación sexual pueden afectar tu experiencia. Las siguientes son frases de algunos chicos sobre las expectativas de su primera vez:

- » "Sabré qué debo hacer."
- » "Será placentero; se sentirá bien."
- » "Seré capaz de darle placer a mi pareja."
- » "Será con alguien que amo."
- » "Mi pareja querrá tener sexo conmigo de nuevo."

Algunas de estas cosas son mucho pedir para un chico en su primer intento.

¿QUÉ ESPERO DE MI PRIMERA VEZ?

Después de la primera vez

Si tu primera vez ya pasó y no fue lo mejor de lo mejor, no te azotes; úsala como experiencia de aprendizaje. ¿Qué salió mal? ¿Qué puedes mejorar para la próxima? El sexo es como cualquier otra actividad, todos necesitamos ayuda y práctica para llegar a donde queremos.

AYUDA SABER DE SEXO
» Conoce los riesgos: ¿Qué puede salir mal y cuáles son las consecuencias?
» Practica el sexo seguro: El sexo es mucho más divertido cuando no te preocupas por un embarazo o ITS.
» Confía en tu pareja: Debes estar seguro de que no te hará daño.

TEN EXPECTATIVAS REALISTAS
» No esperes fuegos artificiales.
» Recuerda que tanto tu pareja como tú están aprendiendo; no esperes saberlo todo.
» Espera ser tratado con respeto.

PREPÁRATE
» Encuentra un lugar seguro para hacerlo.
» Asegúrate de tener privacidad.
» Tómense el tiempo suficiente.
» Habla con tu pareja para que los dos sepan qué está sucediendo.

Buena relación… gran sexo

"Relaciones: de eso se trata la vida. Aprende a relacionarte contigo mismo, con las personas a tu alrededor y con el mundo en general."

"Relacionarse es la antesala al sexo. No es un faje que dura diez o quince minutos; es un juego previo de todo el día, la semana, el año. Comienza cuando conocemos a nuestra pareja; es la manera mutua de mirarse y tratarse. No puedes tratar a alguien como basura todo el día y esperar sexo después de un poco de cariño al anochecer."

El sexo y estar en una relación suelen ir de la mano. ¿Qué palabras usas para referirte a la persona con la que tienes sexo: "novia", "novio", "amante", "pareja", "otra mitad"? ¿Estás "saliendo con alguien", "teniendo ondas" o sólo son "amigos con derechos"? Quizá no te guste etiquetar la situación: es lo que es. Las definiciones no son tan sencillas.

Saber lo que quieres de una relación te puede ayudar a encontrar a una persona que cumpla tus expectativas sexuales. Por supuesto, no hay garantías: tal vez hoy quieras algo distinto a lo que desearás en el futuro. Lo mismo es cierto para tu pareja.

Querer estar en una relación sólo por el sexo también está bien, pero debes ser honesto con tu pareja. Quizá ser sincero no te garantice que obtendrás lo que deseas, pero al menos no tendrás que fingir o mentir y te podrás ver a los ojos cuando te mires en el espejo. Tenerte respeto es algo muy bueno. De hecho, ser honesto puede fortalecer tus relaciones y es una gran manera de cultivar verdaderos amigos.

Con frecuencia escucho a jóvenes decir que desean una relación sana y segura con alguien que amen, en quien confíen y que los ame de vuelta… ah, sí, ¡y tener gran sexo! Las personas suelen confundir el amor y el sexo. A veces la gente utiliza el amor para conseguir sexo o viceversa. Si haces esto es probable que termines triste, decepcionado o te sientas usado.

"¿HE SIDO HONESTO CON MI PAREJA SOBRE LO QUE QUIERO?"

LAS EXPECTATIVAS EN LAS RELACIONES

Al igual que la gente, existen relaciones de todo tipo. Establecer las reglas depende de ti y de tu pareja. Algunas expectativas realistas incluyen:

- » Ser tratado con respeto y cuidado.
- » Estar, ser y sentirte seguro.
- » Habrá altibajos.
- » A veces será difícil y cansado.

Algunas expectativas irreales incluyen:

- » Esa única persona puede ser todo: tu amante, figura paterna o materna, tu apoyo psicológico, o hasta tu conciencia (responsable de tu comportamiento).
- » Una relación puede satisfacer todas tus necesidades y reparar todos tus problemas.
- » El amor verdadero fluye fácil y naturalmente.
- » Si te ama, soportará cualquier cosa.
- » Siempre sabrás lo que tu pareja está pensando y viceversa.
- » El sexo puede arreglar una relación poco saludable.

"¿MIS EXPECTATIVAS SOBRE EL SEXO SON REALISTAS EN MIS RELACIONES?"

¿Qué tiene que ver la lujuria?

La lujuria añade un nivel de confusión. Cuando ardes en deseo por alguien, puedes creer que estás a punto de perder el control de tu cuerpo. Quizás esta persona te parece irritante, pero aun así te mueres por tener sexo con ella. Confuso, ¿no? Todos saben que consumir drogas y alcohol puede afectar tus decisiones, pero ¿sabías que estar caliente también altera tu juicio?

La lujuria está en el cuerpo: son impulsos físicos. El amor es un poco más profundo: es cosa del corazón, la mente, el alma y sus conexiones. Sin embargo, en ocasiones los impulsos físicos son tan fuertes que puedes generar una conexión falsa en tu cabeza. ¡Hasta podrías llegar a enamorarte de alguien a quien no conoces!

LA INTIMIDAD Y EL SEXO NO SON LO MISMO

Muchos chicos consideran el sexo como una manera de tener intimidad con su pareja. Para varios de los jóvenes con quienes he conversado, el sexo es la única forma para intimar con otra persona. Las chicas heterosexuales se quejan con frecuencia de esto; siempre que desean abrazar o dormir junto a su novio, ellos asumen que quieren tener sexo. En este tipo de situaciones, ambos buscan intimidad, pero la falta de comunicación genera malentendidos y resentimiento.

A veces tener intimidad significa estar vulnerable. Abrirte y ser honesto con una persona implica que la quieres o le tienes cariño. La intimidad se aprende: si nos han enseñado que la intimidad y la vulnerabilidad son signos de debilidad, puede ser muy difícil generar cercanía con alguien. Si la gente se ha aprovechado de nosotros cuando decidimos vulnerarnos, volver a tomar esta decisión y correr el riesgo de salir lastimados puede parecer imposible. Sin embargo, al no hacerlo nos arriesgamos a nunca tener una relación verdaderamente cercana.

Desafortunadamente a los chicos se les enseña a ser rudos, y eso muchas veces significa rechazar las diversas formas de intimidad. Con frecuencia, si un chico demuestra cariño o pasión por algo, puede ser usado en su contra. ¿Alguna vez has dicho "no me importa" refiriéndote a cosas que en realidad sí te importan? Quizá sea una buena manera de protegerte, pero también evita que te acerques a otros.

Alcanzar la intimidad significa ser valiente. Es darle la oportunidad a otra persona de no utilizar las situaciones de vulnerabilidad en tu contra. No voy a mentir: todo esto puede ser aterrador, pues a veces la gente abusa de la confianza que depositamos en ella, pero también es el camino hacia una relación más fuerte.

"¿QUÉ HE APRENDIDO SOBRE LA INTIMIDAD Y SER VULNERABLE?"

"Los hombres aprenden a descartar sus propias necesidades emocionales desde una edad muy temprana, lo cual les dificulta reconocer las necesidades de los demás o responder ante ellas."

(Radican, Norman Dean, "Men and sex and fear and intimacy", en *On the Level*, vol. 3, núm. 4, 1995, pp. 36-8.)

¿Cómo tener intimidad sin tener sexo?

Si tu pareja no quiere tener sexo, debes respetar su decisión. Sin embargo, existen varias maneras en las que pueden disfrutar su mutua compañía e intimidad, por ejemplo:

» Besos y caricias
» Recibir y dar masajes
» Cocinar juntos
» Hablar sobre las actividades cotidianas de ambos
» Compartir secretos
» Planear actividades
» Salir a caminar o nadar
» Bañarse juntos (puedes comprar velas y aceites)
» Dejar notitas que sólo tu pareja pueda encontrar
» Mandar correos electrónicos o mensajes de texto (pero no olvides que las cosas se pueden poner calientes y complicadas... nunca sabes quién podría leerlos)
» Acampar

Muchas de estas cosas pueden llevar al sexo, pero si esperas presionar a tu pareja en lugar de disfrutar la cercanía, podrías perder su confianza. Si parece que todo lo que has hecho es una forma de manipulación, tu esfuerzo por conectar con tu pareja será en vano.

Los movimientos correctos

Estar consciente de tu cuerpo es una buena introducción para aprender a interpretar el lenguaje corporal de otros. ¿Cómo es tu postura cuando alguien te atrae? ¿Es diferente a la forma en la que te paras cuando alguien te hace sentir incómodo? ¿Cruzas tus brazos o te sientas lejos de esa persona? Existen algunas pistas para saber si le interesas a alguien:

» Contacto visual: quizás hacerlo sea un poco difícil, pero demuestra interés y disposición abierta. Procura no clavar la mirada por mucho tiempo sobre la persona de tu interés (es raro).
» Juega con el cabello o revisa su aspecto.
» Se acerca a ti.
» Sus pies apuntan hacia ti.
» Se inclina para acercarse a ti.
» Su cuerpo está abierto ante ti, sin brazos o piernas cruzadas, las cuales actúan como barreras.
» Actúa como espejo, imitando tus movimientos: juegos con el cabello o sentarse de cierta forma, por ejemplo.
» Contacto físico: si alguien te da una palmadita en el brazo o te empuja suave y juguetonamente es un buen signo de que le gustas.

LA MALDICIÓN DEL COQUETEO AMISTOSO

El coqueteo es parte natural del comportamiento humano, pero no siempre significa que queramos tener sexo con el blanco de nuestro jugueteo. A veces sólo lo hacemos porque se siente bien recibir atención de parte de otras personas. Lo que algunos interpretan como coqueteo, otros lo ven como simple amabilidad; algunas personas lo consideran un acto irrespetuoso o incluso de infidelidad. Establecer estas diferencias depende de ti y de tu pareja.

Conozco a mucha gente extrovertida y amigable: hacen todas las cosas mencionadas arriba y la verdad es que sí suelen mostrar su interés, pero no necesariamente en términos de sexo, como parejas o amantes. Este tipo de personas se interesa de manera genuina en los demás, lo cual puede provocar mucha confusión y varios chicos (incluyéndome) pueden quedarse con la impresión de que querían algo más.

¿Cómo podemos saber la diferencia? La manera más simple es preguntar. Tal vez no quieras escuchar la respuesta, pero es mejor que darte de topes en la oscuridad. También podrías sacar el tema de la maldición del coqueteo amistoso y preguntarle si alguna vez lo ha sufrido. Por lo menos te reirás un rato y, en el mejor de los casos, podrás conversar sobre lo que está sucediendo y aclarar si existe o no interés sexual.

"¿QUÉ OPINAS DEL COQUETEO QUE NO CONDUCE AL SEXO?"

Relaciones: ¡tantas de donde elegir!

Las relaciones sexuales pueden ser cosa de una noche o a largo plazo; tratarse de sexo, amor o ambos; tener momentos maravillosos y terribles; ser saludables y satisfactorias o abusivas y destructivas; de hecho, pueden ser simplemente confusas. ¿Cuáles son las posibilidades?

RELACIONES DE UNA NOCHE

Conoces a alguien, te gusta, le gustas y deciden tener sexo esa noche. Asegúrate de querer hacerlo. Sé muy claro sobre la situación: siempre debes estar seguro de que ambos han dado su consentimiento. El sexo casual puede ser muy divertido o una pesadilla en potencia, sobre todo si has bebido. Nunca olvides lo siguiente:

» Condones, condones, condones (y mucho lubricante a base de agua).
» ¿Sabes cuántos años tiene? Estar en un antro o bar no significa que tienen más de 18 años.
» Asegúrate de tener una manera de regresar a tu casa.
» Si es posible, dile a alguien a dónde irás.
» Si te vas a quedar a dormir con tu pareja o ella pasa la noche en tu casa, prepárate para vivir un momento incómodo a la mañana siguiente (y lo opuesto a un aliento fresco).
» Recuerda que es ilegal tener sexo en espacios públicos.
» Recuerda la existencia de los anticonceptivos de emergencia.

AMIGOS CON DERECHOS

Algunas veces las amistades se tornan sexuales, pero no necesariamente implican una relación de noviazgo. El sexo con amigos puede ser muy íntimo, pues ya conoces a esa persona. Sin embargo, hay algunas desventajas: quizá tu pareja quiere algo más que sexo y amistad. Podrías perderla.

La comunicación es vital. Debes ser directo con la persona involucrada. Sé muy claro sobre la situación. Quizá necesites discutir qué pasaría si uno de los dos encuentra una pareja. Los amigos con derechos también pueden tener celos.

RELACIONES ABIERTAS

Algunas parejas tienen "relaciones abiertas", es decir, pueden tener sexo con otras personas. Hay quienes están en relaciones abiertas donde también se permite enamorarse de alguien más. No importa si sólo se trata de sexo o si hay amor involucrado, este tipo de arreglos pueden conllevar problemas adicionales:

» Confianza: Debes confiar en que tu pareja no hará nada para lastimarte a ti o a la relación. Esto incluye asegurarse de que sólo tengan sexo seguro o apegarse a las reglas o límites establecidos por ambas partes.

» Consentimiento: Todas las personas involucradas deben estar de acuerdo con la situación. Si alguien lo hace sólo para satisfacer al otro, tarde o temprano se sentirá usado, celoso o amargado.

» Comunicación: Siempre hay que hablar con honestidad de las necesidades y deseos de ambos. Debes tener la seguridad de frenar las cosas en cualquier momento.

» Límites: Especifiquen qué está permitido fuera de la relación y qué no.

» Algunas personas utilizan los condones y otros métodos de barrera para prevenir ITS y evitar el paso del semen como una barrera metafórica de sus emociones.

RELACIONES CON PERSONAS DEL MISMO SEXO

En ocasiones las etiquetas estorban. Por lo general es mejor utilizar el término "atracción por personas del mismo sexo" para alejarnos de la idea de que la etiqueta siempre define las acciones. Por ejemplo, algunos chicos tienen sexo con otros hombres pero no se consideran homosexuales ni bisexuales; sin embargo les atrae una persona de su mismo género.

La atracción por personas del mismo sexo es una parte natural de la diversidad humana. La homosexualidad ha existido en todas las culturas, a lo largo de la historia, pero no siempre ha sido un problema como el que parece ser actualmente.

Las relaciones entre personas del mismo sexo, a grandes rasgos, son iguales a aquellas entre sexos opuestos, pero con la presión añadida de la homofobia. Imagina no poder demostrar tu amor en público por miedo a ser acosado, discriminado o agredido. Muchos homosexuales se mudan para evitar este tipo de abuso. Desafortunadamente, esto los separa del apoyo de su familia y comunidad, lo cual puede generar aún más presión.

Mucha gente busca las causas de la homosexualidad, como si la atracción por una persona del mismo sexo no fuera natural (piensa en el significado de las palabras que se utilizan en inglés: derecho vs. torcido o desviado). Muchos argumentan que se relaciona a los genes o las hormonas, o que se debe al trauma de tener dos padres o ninguno, etcétera. En lo personal, me parece una pérdida de tiempo. Sería mucho más útil buscar las causas de la homofobia, porque es ahí donde se encuentra el problema. Aquí hay que hacer una aclaración: no existen pruebas concretas sobre cuáles son las causas de la homosexualidad. El odio y el miedo impiden que exista buen sexo, salud sexual y felicidad en muchas comunidades.

Muchos hombres tienen relaciones a largo plazo, exitosas, felices y saludables con otros hombres. Como mi abuela solía decir: "No importa si es un hombre o una mujer, el amor es amor". Esta frase salió de la boca de una pescadora escocesa de 96 años. Supongo que en 96 años se aprenden algunas cosas. Yo aprendí a no asumir que los viejitos no saben nada sobre el amor entre parejas del mismo sexo… y muchos niños lo saben también.

"MI PAPÁ DICE QUE SOY LO MÁXIMO PORQUE NO ODIO A LOS TIPOS QUE SE DAN PENE."
Entrada de Facebook de uno de los chicos entrevistados.

RELACIONES INTERCULTURALES
La actitud ante el sexo, el amor y las relaciones varía en todo el mundo. Si tu pareja pertenece a otra cultura, la comunicación es aún más importante. Entender las normas culturales de tu pareja (lo permitido y lo prohibido) puede evitar momentos vergonzosos o incómodos. Para algunas culturas hablar de sexo, en especial con alguien del sexo opuesto, es algo muy mal visto. Una buena manera de empezar es preguntarle a tu pareja de qué cosas pueden hablar.

No intentes obligar a nadie a seguir tus normas culturales. Aprendan uno de otro. Como en cualquier relación, si va a funcionar, debe funcionar para ambos.

SEXO EN LÍNEA
Las salas de *chat* por Internet y los servicios de citas en línea llevan el mundo a tu pantalla. Puedes relacionarte íntimamente con una persona a la que no conoces. El lenguaje corporal sale por la ventana y es reemplazado por la habilidad para teclear y el Photoshop.

Internet ha creado una comunidad en línea donde las personas pueden explorar su sexualidad e incluso su género. Sin embargo, así como ayuda a construir confianza en ti mismo, también genera peligro. Recuerda que esa chica danesa de catorce años puede ser el hombre cuarentón de la esquina.

Protégete, siempre. Cuando compartes una imagen digital de ti mismo, sale de tu control. Tal vez sólo la hayas enviado al teléfono de tu pareja, pero nunca sabes quién más la podría mirar. Una vez que la hayas mandado, podría terminar en casi cualquier lugar gracias a la facilidad con la que se comparte información hoy en día. Tampoco menciones detalles de tu vida, ya sea tu dirección, teléfono, escuela o información bancaria (o la de tus padres). Todos estos datos pueden usarse para encontrarte. Los depredadores de Internet son muy hábiles y siempre hallan maneras de aprovecharse de otros.

Si conoces a una persona en línea y decides conocerla en persona, asegúrate de hacerlo en un lugar público e invitar a un amigo. No siempre es fácil llevar a un tercero a una cita, pero de esa manera estarás seguro y más relajado. Por lo menos avisa a dónde irás y a quién vas a ver; quizá puedas pedirle a un amigo que te llame para comprobar que todo está bien y establecer un código de una palabra por si necesitas comunicarle que no te sientes del todo seguro.

Si tienes dudas o preocupaciones al respecto, acércate a instituciones como el Instituto Mexicano de la Juventud (Imjuve) o entra al portal de Clic Seguro de la Secretaría de Educación Pública http://www.clicseguro.sep.gob.mx/index.php. Investiga qué instituciones o centros de atención existen cerca de ti.

RELACIONES SIN SEXO

Supongo que ya has tenido muchas relaciones no sexuales con maestros, amigos y colegas, pero también es posible tener una pareja sin llegar al sexo. La gente se abstiene de practicarlo por muchas razones. Muchas religiones no están de acuerdo con el sexo antes del matrimonio; tenerlo puede ir en contra de sus creencias personales. También es posible que una persona quiera esperar para estar segura de que quiere comenzar su vida sexual. No hay fecha de caducidad cuando de sexo se trata. Que alguien no quiera hacerlo no significa que sea asexual, puede tener sentimientos y emociones de carácter sexual aunque no actúe de acuerdo a ellos. Es importante reconocer y respetar la disciplina necesaria para abstenerse.

DIFERENCIA DE EDADES

He conversado con algunos chicos que han aprendido de sexo gracias a sus parejas mayores. Sin embargo, estas relaciones casi nunca prosperaron. Al parecer, cuando se trata de relaciones (particularmente durante la adolescencia), la diferencia de edades puede impedir una relación saludable. Quizá tus intereses son muy distintos a los de la persona mayor. Además, esta persona podría utilizar su experiencia para manipular a una pareja más joven.

¿Qué hay de tí? ¿Tendrías una relación con alguien mayor? ¿Qué tan mayor es demasiado? ¿Qué pasaría si tu pareja fuera menor? ¿Qué tan joven es demasiado joven?

Nunca olvides la edad de consentimiento: ¿cuál es la edad mínima legal para tener relaciones sexuales en tu localidad? También recuerda que es ilegal tener sexo con una mujer o un hombre mayor si eres menor de edad, no importa que quieras hacerlo. En esta situación, la persona adulta es 100% responsable de las consecuencias.

TRÍOS Y MÁS

Si una de tus fantasías involucra a más de dos personas en la cama, quizá necesites pensarlo dos veces antes de llevarla a cabo. Cuando invitas a más de una persona, también invitas a sus *sexpectativas*. Recuerda que aunque se trate de una fantasía, estás interactuando con personas y sentimientos reales.

Tal vez sea una buena idea establecer límites o reglas sobre lo que está por suceder; es muy parecido a lo que harías en una relación, pero con personas adicionales. Por supuesto, una de las reglas podría ser que no hay reglas.

Algunas personas que han tenido experiencias de sexo grupal sugieren asegurarse de que nadie se quede fuera y que todos practiquen sexo seguro. Entonces, si vas a hacerlo con múltiples personas, cambien los condones cuando intercambien parejas.

Lo más importante es estar seguro de que realmente todos quieren participar. Como en cualquier otra actividad sexual, si una persona es manipulada, obligada o decide hacerlo sólo para complacer a los demás, probablemente termine sintiéndose usada, celosa o enojada.

Violencia y abuso: nunca

No importa en qué tipo de relación estés, una relación saludable nunca incluye violencia o abuso.

PREGUNTAS DIFÍCILES

P   ¿Qué puedo hacer con mi pareja que no cueste mucho dinero?

R   Bueno, aquí es cuando mi hippie interior sale a flote: la naturaleza es gratis. Una caminata por el parque, junto a un río o en la playa puede ser una gran cita sin presiones (y muy barata). ¿Qué tal una comida casera? Podrían divertirse cocinando juntos. También pueden salir a hacer ejercicio o hacer arte o manualidades. Intercambiar masajes también es una manera muy saludable de consentirse mutuamente. ¿Por qué no ir a los actos gratuitos a tu alrededor? Los gobiernos locales con frecuencia ofrecen actividades de entrada libre o de bajo costo. Quédate en casa: pueden escuchar la colección musical del otro. También pueden salir a un concierto: las actividades locales por lo general son gratuitas. Revisa la prensa musical para ver qué hay cerca de ti. Ir de compras a tiendas de segunda mano puede ser muy divertido. Si ambos tienen bicicleta, salgan juntos a dar una vuelta o de excursión. Exploren sus fantasías, cerebros, mentes y cuerpos.

P   ¿Cómo puedo demostrar respeto?

R   Si no crecimos en un ambiente de respeto, mostrarlo puede resultar difícil. A veces confundimos el miedo con el respeto. Puedes demostrarle respeto a tu pareja al no contar sus secretos y respetar sus límites, escucharla y no ser injusto cuando tengas algún conflicto con ella. No siempre van a estar de acuerdo, pero siempre hay que respetar el derecho de opinar del otro. Reconoce tus equivocaciones y no abuses de tu poder sobre los demás. Respétate a ti mismo.

P   ¿Se puede estar enamorado de dos personas al mismo tiempo?

R   La respuesta más inmediata es sí; pero eso no simplifica la situación. Con frecuencia nos enseñan que sólo existe un amor verdadero y que el resto de la gente representa una amenaza para ese amor.

A veces las personas hacen acuerdos dentro de sus relaciones para incluir a más de una persona, pero esto requiere mucho compromiso y mucha negociación. Si establecer las reglas para una relación de dos resulta difícil, imagina lo que implica incluir a otra persona. Recuerda que cuando invitas a alguien a una relación, también invitas a sus reglas respecto al sexo. Amar a más de una persona puede ser una amenaza importante para la confianza de alguno de los integrantes. No es que seas responsable de sus sentimientos, pero la manera en que demuestras tu amor por tu pareja y, aún más importante, por la otra persona, puede tener un gran impacto sobre su bienestar.

Capítulo 5

Hacerlo

"Escucha a tu pareja, escucha qué quiere. Mientras mejor se sienta tu pareja, mejor será para ti."

"El consentimiento es lo más sexy. Saber que alguien en verdad desea hacer lo mismo que tú es oro puro."

"A mi pareja le gusta mucho la repetición, le gusta quedarse con el mismo movimiento porque la lleva a un orgasmo increíble."

"Tips de sexo; podría darles muchos, pero no voy a revelar los secretos de mi estilo y técnica así nada más."

MUCHOS CHICOS VIVEN BAJO LA PRESIÓN de ser "una leyenda en la cama". Hay personas que esperan fuegos artificiales incluso durante la primera vez, y se decepcionan cuando nada estalla. ¿Cómo se puede construir la confianza y competencia para tener sexo?

Tal vez sea útil pensar eso de la competencia en otros términos; por ejemplo, piensa cómo aprendiste a andar en bicicleta. No puedes esperar subirte en una bicicleta y manejarla con destreza y confianza desde la primera vez. Quizás hayamos tenido la suerte de un par de buenos viajes de principiantes, pero ningún primerizo se precipita a lanzarse de una rampa. ¿Cómo es el proceso de aprendizaje?

Comenzaste a aprender a andar en bicicleta de manera inconsciente desde que te enteraste de que otras personas lo hacían. Muchas veces has visto a alguien sentado en el asiento moviendo los pedales hacia adelante, haciendo girar las ruedas. Lo mismo sucede con el sexo (y con las relaciones): inconscientemente has aprendido mucho de ellas desde que supiste de su existencia.

Solemos ser muy estrictos con nosotros mismos cuando echamos las cosas a perder. Pero, como uno de los chicos entrevistados me dijo: "No es echar a perder nada, es aprender". ¡Qué buena actitud! Si aceptas que estás aprendiendo, estarás abierto a recibir información nueva. Por el contrario, si desde el principio finges ser un experto, estás diciendo que no hay posibilidades de mejorar. La realidad es que en el sexo y la sexualidad siempre hay mucho por aprender, practicar… ¡y disfrutar!

"¿MIS SENTIMIENTOS EVITAN QUE ME SIENTA CÓMODO EN RELACIÓN AL SEXO?"

Técnica: de adentro hacia afuera y de arriba abajo

Hay una infinidad de maneras para ejercer tu sexualidad, pero depende de ti y de tu pareja descubrir lo mejor para ambos. Por ejemplo, los rapidines pueden ser una experiencia muy intensa para los dos. Asegúrense de tener el consentimiento del otro, desnúdense (o quítense las prendas que puedan) y cómanse vivos mientras sea posible. No se necesita mucha más técnica que ésa. Pero quizá te gustaría esforzarte un poco más.

A continuación encontrarás algunas sugerencias para comenzar:

BESAR
Es importante, no hay nada más que decir. La sección *Ellas* de este libro contiene muy buena información sobre cómo besar, así que para no ser repetitivo, dale vuelta al libro para saber más.

TOCAR
Todos tenemos diferentes experiencias con el tacto. Por ejemplo, el contacto físico puede ser usado en tu contra de manera violenta o abusiva. En este sentido, tocar o ser tocado puede ser aterrador. Recuerda que la seguridad es la clave.

A veces sentimos la tentación de comportarnos como un pulpo: manos y lengua por todos lados y al mismo tiempo. Esto les puede gustar a algunos, pero muchos prefieren un contacto sensual, concentrado, cariñoso y gentil, y esto puede variar según el momento. Pon atención verdadera en la parte del cuerpo que estás tocando, concentra tu amor y tu energía sexual en ella. En ocasiones nuestra pareja puede sobreestimularse o ciertas partes del cuerpo pueden adormecerse. Si eso ocurre, intenta algo distinto o toma un respiro.

Pregúntale a tu pareja cómo le gusta que la toquen. Quizá quiera mostrarte cómo o guiar tus dedos. Nunca temas pedir ayuda y no reniegues de sus sugerencias y comentarios.

No vayas directo hacia los genitales. Comienza suave y lentamente; masajea su espalda o pies, acaricia sus brazos o piernas. Un poco de piojito siempre es delicioso. En este punto se trata de jugar y satisfacer, sentir rico y entrar en contacto con el placer.

Desafortunadamente, no hay una receta paso a paso (masajea por diez minutos, masturba otros diez, oral diez), así que debes guiarte por tu pareja o confiar en tus instintos a la hora de cambiar de técnica. Recuerda que no hay prisa; ésta no te lleva a ningún lado y lo acelera todo.

Frotar los pezones no es como exprimir un barro, sé gentil. Delinea los senos o el pecho de tu pareja con un dedo y luego toma el pezón entre tu índice y pulgar. Asegúrate de ponerles atención a ambos pezones; a nadie le gusta ser ignorado. Besarlos, chuparlos y succionarlos puede sentirse muy bien; algunas personas hasta disfrutan un par de mordiditas suaves.

Los besos también son una manera interesante de explorar el cuerpo de tu pareja.

CALENTAMIENTO O FAJE

Algunos piensan que el faje es sólo un calentamiento para llegar al sexo "real", y no le ponen mucha atención. Lo ven como algo por lo que se debe pasar, y mientras más rápido, mejor. Por otro lado, mucha gente no cree que se trate de algo "previo", pues también lo consideran sexo. Una amiga una vez me dijo: "El mejor amante que he tenido no acercaba su pene a mi cuerpo, ni siquiera un poco, antes de que me hubiera venido al menos una vez". Ésa es una gran actitud ante el faje.

Todos tienen opiniones distintas sobre lo que constituye al faje, pero por lo general incluye algunas de las cosas que discutimos arriba: besar, tocar y quizá sexo oral. El faje es muy importante para las chicas; da vuelta a este libro y revisa qué piensan al respecto.

Si tratas al faje como sexo real y disfrutas tanto darlo como recibirlo, se vuelve algo mucho más placentero e interesante. Además es una gran manera de descubrir cómo se siente tu pareja sobre el acto sexual. También es ideal para conocer su cuerpo mutuamente y asegurarse de que ambos se sienten cómodos. Todo esto es el camino hacia el sexo más fantástico.

"¿SÉ QUÉ LE GUSTA HACER A
MI PAREJA DURANTE EL FAJE?"

Lección básica sobre el cuerpo de las chicas

Antes de avanzar más, debemos hablar de los genitales de las chicas. Después de todo, si planeas acercarte (y mucho) a estas partes, debes saber al menos un poco sobre ellas. Primero que nada, si no lo has hecho, voltea este libro y lee las descripciones en la sección de chicas. No vamos a perder tiempo con esas cosas básicas; aquí vamos a discutir esas partes y cómo darles placer.

Con frecuencia nos referimos a los genitales de las mujeres como "vagina". Esto es incorrecto (lo sabrías si hubieras leído la sección de chicas; la vagina es sólo una de las partes). Como los genitales de las mujeres están escondidos, quizá necesites hacer un trabajo de exploración. Si tu pareja está de acuerdo con que mires su vagina, mírala. Empuja suavemente los labios hacia los lados y encuentra el clítoris, el pequeño botón en la parte superior (puede estar cubierto por un capuchón de piel). El clítoris es una parte importantísima: es la única que sólo está ahí para generar placer; el resto tiene otros usos. ¿Sabías que el clítoris es mucho más grande que el pequeño botón visible? De hecho, la mayor parte del clítoris está en el interior del cuerpo y el extremo interno se divide en dos. Además, es muy importante porque la mayoría de las chicas requieren estimulación del clítoris para alcanzar el orgasmo. Imagínate si tu pareja quisiera tener sexo contigo pero no supiera que tu pene es la llave de tu placer sexual.

Cuando empecé a trabajar, una amiga me tomó del cuello de la camisa y se aseguró de que el mensaje se grabara por siempre en mi cabeza: "Diles a todos los hombres que conozcas que nunca toquen un clítoris con los dedos secos". Entonces, no olvides usar saliva, lubricación vaginal o lubricante a base de agua.

¿Qué onda con los pedos vaginales?

Cuando una chica se excita, la forma de su vagina cambia: se expande como un globo, lista para recibir un pene. Cuando se expande, actúa como una aspiradora y jala aire. Cuando regresa a su tamaño normal, el aire se desplaza hacia afuera, creando un sonido parecido al de un gas. Esto puede ser vergonzoso para ella y confuso para ti. Si quieres que tu pareja se sienta bien y segura con su cuerpo, actúa como si nada. Dale un beso en vez de gritar: "¡Wow! ¿Qué fue eso?"

EL PUNTO G

El punto G es una acumulación de terminaciones nerviosas muy sensible al tacto y, cuando se estimula de manera adecuada, puede proporcionarle muchísimo placer a una chica. El punto G se encuentra dentro de la vagina, en la pared frontal. Imagina que tu pareja está frente a ti. Introduce un dedo en su vagina y haz la seña de "ven aquí". Eso te puede dar una idea. Otra buena técnica es insertar dos dedos y "caminar" con ellos a lo largo de la pared vaginal. Pídele a tu pareja que te guíe y te diga qué se siente bien. Para algunas chicas, esta zona es demasiado sensible.

Existe otro cúmulo de terminaciones nerviosas llamado "punto A". Se encuentra un poco más arriba en la pared frontal de la vagina, más cerca del cuello del útero. Es por esto que el tamaño del pene en realidad no importa. La mayoría de los centros de placer están ubicados cerca de la entrada de la vagina. El clítoris y el punto G se encuentran al alcance de la mayoría de los penes.

El punto G fue bautizado por el doctor Ernst Gräfenberg y el punto A, o zona erógena del fórnix anterior, fue nombrada así por su ubicación en la parte anterior (frontal) de la pared vaginal.

SEXO ORAL

Si en verdad estás comprometido con el placer de tu pareja, puedes intentar el sexo oral. Algunas maneras comúnmente utilizadas para referirse al sexo oral son mamar, chupar, bajar por los chescos, coger con la lengua, hacer un *blow,* lamer, *cunnilingus* (específico para las chicas), felación (específico para los chicos), y muchas más. El sexo oral es la estimulación de los genitales utilizando la boca.

Existen algunos métodos que podrías probar con tu pareja si se trata de una mujer:
» Intenta escribir el alfabeto en cursivas con tu lengua alrededor o sobre su clítoris.
» Dibuja ochos con tu lengua.
» Algunas chicas prefieren círculos.
» También puedes succionar un poco; chupa el clítoris hacia adentro mientras lo acaricias con tu lengua.
» Intenta frotar el clítoris con el reverso de la lengua.

De vez en cuando aléjate un poco del clítoris. Puedes jugar un poco con sus labios, vulva o la parte interior de sus muslos. Luego regresa al clítoris. No olvides el resto de su cuerpo mientras la lames. Masajea su estómago, tómale la mano, mírala a los ojos. A veces los chicos se concentran demasiado en lo que está frente a ellos. Otra opción es comenzar a masturbarla al mismo tiempo. Esto puede hacerla sentir muy bien o confundirla un poco. Pregúntale qué le gusta.

Existe una diferencia importante entre las sensaciones producidas en el clítoris, en el punto G y en el punto A (ubicados en el interior de la vagina, como se dijo antes). Se trata de zonas extrasensibles por el número de terminaciones nerviosas reunidas ahí. Estimularlos puede distraerla un poco de la estimulación del clítoris. Al tocarlos puede sentir la necesidad de orinar, pero una vez que haya superado esa sensación inicial, puede ser muy disfrutable (o eso me han contado).

En el caso de recibir sexo oral, es una buena idea comenzar por hablar de qué te gusta a ti y si lo mismo funciona para tu pareja.

» Pídele que sostenga la base de tu pene. Además de sentirse muy bien, es una gran manera de controlar los impulsos de bombear. Podrías masturbar el tronco de tu pene mientras alguien lame o succiona la cabeza.

» No olvides el resto de tu cuerpo.

» Dale retroalimentación a tu pareja. Así ambos entenderán qué se siente bien y qué no.

» Dile que la cabeza del pene suele ser mucho más sensible que el tronco y que el escroto también puede ser una gran fuente de placer. Quizá tu pareja no lo sepa.

Algunos tips importantes:

» Ponte cómodo: prepárate para estar ahí un rato.

» Busca señales de que tu pareja también lo está disfrutando. Si puedes establecer contacto visual, hazlo. También puedes interpretar su lenguaje corporal. Una buena señal es que tu pareja empuje su cuerpo contra el tuyo. Si procura mantener una distancia, quizá sea momento de probar algo distinto o preguntarle qué puedes hacer por ella.

» Mucha gente se preocupa por la apariencia o aroma de sus genitales. Tal vez tu pareja no quiera que los veas de cerca. No intentes presionar a nadie. Sin embargo, un poco de retroalimentación positiva puede aumentar su confianza.

» Quizá no sea el mejor momento para sacar el tema, pero tal vez convenga que lo discutas más adelante. El tipo de comida que consumimos, nuestra higiene y la ropa interior que utilizamos puede afectar nuestro olor. En el caso de las chicas, su sabor y olor puede cambiar según el momento en que se encuentren dentro de su ciclo menstrual.

» Puedes tener sexo oral seguro utilizando un condón o algún otro método de barrera, como un dique de goma (de los que usan los dentistas). El dique es un pequeño pliego de látex que evita la transferencia de ITS durante el sexo oral. Este tipo de barreras se utilizan para cubrir la vagina o el ano.

Tips de sexo oral

Si quieres recibir sexo oral, obligar a tu pareja a bajar su cabeza a la altura de tu pene no es una buena idea. No sólo es una manera súper efectiva de arruinar la excitación, también aumenta las probabilidades de que nunca más quieran hacerte una mamada.

Si te vas a venir, encuentra un lugar para eyacular. Si acordaste con tu pareja que puedes venirte en su boca, avísale antes de hacerlo para que pueda decidir entre tragar o escupir. Es cuestión de modales.

"¿TENGO CLARO QUÉ LE GUSTA A MI PAREJA?"

SEXO PENETRATIVO

Ya sea en el sexo anal o vaginal, cuando se trata de penetración lo más importante es el ángulo y la accesibilidad. Algunas posiciones permiten penetración más profunda; hay personas que disfrutan esto por la sensación de plenitud que les genera. Otras posiciones permiten mayor intimidad por el contacto visual o por el contacto de piel sobre piel. Existen otras que posibilitan un mejor control, ya sea en términos de ángulo o velocidad. Finalmente, están las posiciones que favorecen el acceso al clítoris o a los puntos G, A o P (el de la próstata).

¿Cuál es el punto P?

Gracias a la próstata, el sexo anal puede ser todavía más placentero para los chicos, pues es la manera de llegar al punto P, también conocido como "el punto G masculino". La próstata es una pequeña glándula que está repleta de terminaciones nerviosas, lo cual la hace súper sensible al tacto.

Se puede alcanzar el punto P por el recto entrando por el ano. El método para llegar a la próstata es muy similar al utilizado para tocar el punto G. Si tu pareja está frente a ti, debe insertar un dedo muy bien lubricado en el ano y hacer el movimiento de "ven aquí". Si tú lo encuentras primero, después podrás guiar a tu pareja.

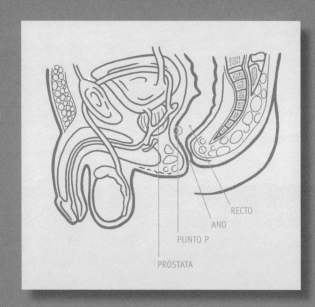

RECTO
ANO
PUNTO P
PRÓSTATA

A continuación encontrarás un repaso de algunas posiciones y para qué sirven:

» Para llegar al punto G: Las chicas arriba (así puede controlar el ángulo y profundidad de la penetración). También puede funcionar si la penetras parado detrás de ella.

» Para llegar al punto A: Posiciones de penetración profunda, como tu pareja sobre sus rodillas y manos y tú arrodillado detrás de ella. Otra opción es que ella se siente en el filo de la cama y tú te arrodilles frente a ella.

» Estimulación del clítoris: La posición de misionero, pero más alta (coloca una almohada debajo de su trasero), o acuéstate de lado con ella frente a ti (cuchareo) y estimula el clítoris con la mano; o ella puede estar arriba mirando hacia ti pero recargada hacia atrás.

» Para llegar al punto P: La posición del misionero, pero con más altura.

Tip para la penetración

A veces nos obsesionamos con darle un orgasmo a nuestra pareja. Quizás hayamos intentado todo, pero hay veces en las que simplemente no va a suceder.

No tiene sentido bombear hasta el cansancio; además, ambos pueden terminar adoloridos con la carne viva. En ocasiones hay que dejarlo ir y disfrutar la compañía y la intimidad sin la presión del orgasmo.

SEXO ANAL

Con la lengua, con un dedo o con un pene, muchas personas disfrutan el placer de la estimulación anal. Hay muchísimas terminaciones nerviosas, así que explorar la puerta trasera puede proporcionar enormes satisfacciones.

A veces la gente no reacciona muy bien cuando alguien toca su ano. Para algunos chicos esto puede deberse a la homofobia, a la culpa de disfrutar un tabú o a la asociación con experiencias sexuales negativas. De hecho, existe gente que ni siquiera considera al ano un órgano sexual. Y esto también está bien.

He hablado con varios chicos gay que estaban aterrados ante la idea del sexo anal. De verdad no querían hacerlo. Sin embargo, estaban operando bajo un mito común: que todos los hombres homosexuales tienen sexo anal. La realidad es que hay muchas parejas gay que nunca lo hacen.

La mejor conclusión es preguntar. Como en cualquier otra actividad sexual, el consentimiento es fundamental. No vayas a meter tus partes por atrás de la nada.

Buenos consejos para el sexo anal:

» Usa mucho lubricante y hazlo poco a poco.
» Como hay muchísimas bacterias en el recto, debes tener cuidado de no pasarlas a la boca o vagina de tu pareja. Utilizar una barrera de látex o un condón puede ser buen método para prevenir infecciones.
» Las personas tienen dos esfínteres; el externo puede relajarse a voluntad, pero el interno requiere mucha excitación.
» Un muy buen consejo para cualquier juego anal es tener a la mano una toalla de un color oscuro para limpiar los restos de excremento que puedas hallar. Vaciar tus intestinos antes de tener sexo también es una buena manera de minimizar el desastre.

Los mejores consejos para hacerlo

Puede que sea tu primera o tu centésima vez, pero cuando de sexo se trata, ¡siempre puedes mejorar! Aquí hay algunos tips para hacer del sexo una experiencia aún más disfrutable.

ODA AL LUBRICANTE

Si sólo te quedas con un mensaje de este libro, que sea éste: lubrica, lubrica, lubrica. Sólo un par de chicos se me han acercado en la calle para agradecerme por haberles dado información valiosa sobre relaciones o sexo seguro, pero muchísimos me han gritado desde el otro extremo de un centro comercial: "¡Gracias por lo del lubricante!" Por lo general me pasa cuando estoy con mi mamá (¿por qué siempre coincide?).

El lubricante es lo máximo porque…

» Facilita las cosas.
» Evita que el condón se rompa.
» Es delicioso masturbarse con lubricante (jalártela con lubricación es lo mejor del mundo).
» Incrementa la sensibilidad, lo cual hace al sexo aún más placentero.

Asegúrate de usar un lubricante a base de agua. Los productos a base de aceite, como la vaselina o aceites para masaje, pueden destruir los condones. Hay lubricantes de muchos sabores (aunque algunos saborizantes pueden generar reacciones alérgicas). También puedes comprar lubricantes que se calientan con el tacto o lubricantes 100% naturales. Incluso hay un festival en Australia donde se llevan a cabo luchas de lubricante (dos personas lubricadas luchan entre ellas).

He hablado con muchos chicos que declaran no necesitar lubricante porque la mujer con la que se acuestan siempre se excita mucho (o sea que su vagina produce mucha lubricación natural), pero la lubricación vaginal está hecha para el contacto directo con la piel, no con el látex del condón. Esto significa que el lubricante natural se puede secar demasiado rápido. Además, la cantidad varía dependiendo del día del ciclo menstrual en el que se encuentre y de qué tan excitada se sienta. El ano no produce lubricante natural, así que contar con uno a base de agua es especialmente útil si tu intención es tener sexo anal.

¿Ahora entiendes por qué el sexo bien lubricado es mejor?

Existen muchas marcas de lubricante. Prueba varias antes de elegir el mejor para ti.

Lubricante cerca

Tener un pequeño frasco abierto o un dispensador de lubricante cerca de ti facilita el acceso y evita provocar un desastre. Abrir tubos, ampolletas o bolsitas en medio de la acción puede ser muy complicado, además probablemente necesites más de sólo un poco.

TÓMATE TU TIEMPO

En ocasiones son tantas las ganas de tener sexo que ignoramos las necesidades de nuestra pareja. Recuerda que tomarse el tiempo suficiente es muy importante, sobre todo cuando tienes sexo con una chica. Si el sexo fuera una carrera para llegar al orgasmo, los chicos ganarían siempre. Por lo general, las chicas requieren más tiempo para alcanzar el clímax. Así que tómalo con calma; actúa como si tuvieras todo el tiempo del mundo.

ESTAR CÓMODO EN TU PIEL

Si estás cómodo con tu cuerpo, tu pareja podrá relajarse y sentirse bien respecto al suyo con mayor facilidad. Inténtalo, aunque tengas que fingir. Mientras más practiques estar desnudo, le tendrás más confianza a tu cuerpo. Prueba desnudarte cuando estés solo en casa. Mírate al espejo y concéntrate en los puntos positivos.

Recuerda que los cuerpos no son iguales. Si no te pareces a los clones que vemos en los medios, recuerda que eres real. Ama tu cuerpo; si lo haces, será más fácil que otros lo amen también. Aquí hay algunos consejos para sentirte sexy:

» Sé tan saludable como puedas ser. La buena alimentación, el ejercicio y el descanso pleno son un buen comienzo para gozar de una buena salud, incluso sexual.

» Los olores son algo muy raro. Todos despedimos feromonas, las cuales tienen un olor parecido al sexo. Nuestro aroma natural puede excitar a otros, pero consumir alimentos apestosos o malos hábitos de higiene hace que emitamos olores fétidos, como repelente de sexo.

» Báñate con regularidad. Sugiérele a tu pareja tomar un baño juntos, puede ser una gran manera de consentirse mutuamente.

» No intentes compensar una mala dieta o la mala higiene con demasiado desodorante y perfumes. Recuerda que menos es más. Un poco de desodorante en un cuerpo limpio y saludable siempre olerá mejor que mucho desodorante en un cuerpo sucio y poco sano.

» Mucha gente jura que comer cítricos y piña hace que su semen sepa dulce. Por el contrario, tomar café y alcohol le da un sabor horrendo. Podrías experimentar en cabeza propia y averiguar qué funciona en tu caso.

» Evita alimentos apestosos o generadores de gases. La cebolla es un clásico, así como los frijoles. Algunas personas tienen reacciones muy desagradables después de consumir lácteos.

» Conocer tu cuerpo y cómo procesa distintos alimentos es una herramienta de autoconsciencia corporal muy útil. Por ejemplo, aguantar un gran pedo toda la noche puede causarte dolores de estómago muy graves. Sin embargo, saber que puedes echarte un pedo frente a tu pareja marca un momento muy especial en cualquier relación… ¿Puedes creer lo que acabas de leer?

» Córtate las uñas de las manos y de los pies. Debes tener cuidado especial con tus dedos, pues probablemente terminen dentro de tu pareja.

» Vacía tus intestinos y vejiga antes del gran momento. Nada arruina la concentración como tener que ir a orinar o cagar.

» Hay gente que ama el vello facial, pero también hay quien lo odia. Tu pareja y tú deben decidir qué prefieren.

CREAR UN AMBIENTE SEGURO

Sin duda, el ingrediente más importante para tener sexo tan bueno que te hará explotar es la seguridad. Debes tener la confianza de que puedes dejar ir todos los complejos e inseguridades sobre tu cuerpo o en torno al sexo en general.

Construir el tipo de relación que deseas es posible. Habla con tu pareja. La honestidad genera un espacio seguro; si eres sincero con tu pareja, para ella será mucho más fácil serlo contigo. Si quieres una relación en la que puedas hablar de tus deseos y fantasías más profundas, necesitas confianza. Construirla significa no abusar o sacar ventaja de las cosas compartidas durante los momentos de intimidad.

Asegúrate de que tus acciones respalden tus palabras. Contarse secretos no tiene sentido si los compartes de inmediato con tus amigos. No importa si estás peleado con tu pareja, el abuso de confianza no deja de ser abuso.

El consentimiento es fundamental para una vida sexual saludable. Si una persona siente que está obligada a decir que sí al sexo cuando no quiere hacerlo, la seguridad desaparece y es reemplazada por el rencor. No sé tú, pero yo sólo quiero tener sexo con quien desee tenerlo conmigo.

SENTIDO DEL HUMOR

A veces el sexo es chistoso. Piensa en un pene flácido… Ya, chicos, acéptenlo… ¿Acaso hay algo más gracioso?

Cuidado con los sentimientos matapasiones: presión, estrés, culpa, frustración, enojo, celos, depresión, falta de interés, inseguridad, falta de respeto, preocupación, tristeza, baja autoestima, vergüenza, miedo o las imágenes negativas del cuerpo. El humor puede relajarnos. Se ha demostrado que reír tiene un efecto positivo en la salud humana. Si podemos reírnos de nosotros mismos, es menos probable que sintamos estrés. Y si no estamos estresados, tenemos mayores probabilidades de tener sexo memorable.

FANTASÍA

A veces nos excitan cosas que queremos hacer, pero en ocasiones nos excitamos por cosas que nunca querríamos hacer: he ahí el encanto de la fantasía. Antes de hablar sobre ellas, piensa un poco. ¿Tu pareja podría sentirse herida o confiar menos en ti por alguna de tus fantasías? Si es así, debes preguntarte qué es más importante, la fantasía o tu relación. ¿Existe la posibilidad de que la fantasía sea denigrante para ti o para otros? Si la respuesta es positiva, no la hagas realidad. Si deciden convertir la fantasía en hecho, asegúrate de hablar primero sobre todos los resultados posibles. Una manera de hacerlo es siguiendo el modelo de PORE: ¿Cuál es el Problema? ¿Qué Opciones tienes? ¿Cuáles son los Resultados probables de cada opción? Elige una opción y síguela. Evalúa las consecuencias. ¿Harías lo mismo de nuevo o escogerías otra opción?

AFECTO POSTORGÁSMICO

El sexo no termina cuando te vienes. Cuando tu pareja y tú se acarician, acurrucan, besan y lamen después de la eyaculación las cosas se pueden poner muy calientes. También es una forma de demostrarle a tu pareja cuán importante es para ti (o sea, no sólo es un objeto sexual). Recuerda: hay una persona pegada a esos genitales.

PREPÁRATE

El sexo que inicia de la nada puede ser genial, pero a veces es importante crear un ambiente de sensualidad:

» Todo debe fluir. Primero encuentra un espacio seguro, cerciórate de que sea privado. Minimiza la posibilidad de interrupciones: apaguen sus teléfonos.
» El ambiente es lo siguiente. Deleiten todos sus sentidos: luz suave, velas aromáticas, incienso o aceites esenciales, alimentos sexys como chocolate y fruta para darse de comer mutuamente (y mantener su energía), un espacio cómodo, almohadas, sábanas limpias (y si puedes, sedosas). Asegúrate de que no haga mucho frío o calor.
» Si quieres, pon algo de música.
» Asegúrate de tener tiempo suficiente.

No olvides que la naturaleza ofrece muchos estímulos sensoriales: rayos y truenos, el aullido del viento, canto de pájaros, una suave brisa…

COMUNICACIÓN

La comunicación es esencial para tener sexo increíble. Si no te gusta qué o cómo está sucediendo, habla con tu pareja y retroaliméntala. No olvides que la comunicación no siempre es verbal; observa el lenguaje corporal de tu pareja. ¿Cómo reacciona ante tu tacto? La relajación es una buena señal de que disfruta el contacto. Por el contrario, si percibes tensión de su parte, quizá deberías tomar las cosas con calma y preguntar qué sucede.

Ten cuidado con tus pensamientos negativos. A veces, cuando nuestra pareja dice que no quiere contacto sexual, asumimos que en realidad no quiere estar con nosotros, pero se trata de dos cosas muy distintas. Si tú estás caliente y tu pareja no, quizá deberías resolverlo con tus propias manos y masturbarte. También puedes canalizar tu calentura en otro tipo de intimidad; dormir abrazados es sólo dormir. Si el problema se debe a algún asunto no resuelto entre ustedes, intenta hablar con tu pareja al respecto.

LA REGLA Y TODO ESO

Casi siempre que hablo del periodo o ciclo menstrual, los chicos se alejan de mí y dicen: "¿Por qué tenemos que escuchar estas cosas?", pero para el final de la sesión, están aferrados a sus asientos esperando saber más. Por lo general, los chicos no escuchan esta información. Recuerdo que cuando las chicas de mi salón recibieron *la lección*, los chicos salimos al patio a jugar futbol. Esto nos ha mantenido ignorantes sobre temas como las manchas o sangrado entre periodos, el EPM (estrés premenstrual) y la calentura de la ovulación, sí, *ca-len-tu-ra*. Muchas chicas se ponen extremadamente calientes al ovular (cuando los ovarios expulsan óvulos). Esto sucede más o menos a la mitad del ciclo menstrual.

En cuanto al sangrado, muchos chicos se han acercado a mí porque encontraron sangre en sus sábanas o en su cuerpo. Casi siempre se veían muy asustados o preocupados de haber lastimado a su pareja o de que hubiera tenido un aborto espontáneo. Aunque quizá valga la pena acudir a un doctor, el sangrado no necesariamente es algo malo.

Hay muchos mitos alrededor del EPM; el más dañino de todos es que es un asunto mental. Imagina sentirte enfermo y cansado, que tienes un tremendo dolor de cabeza y en el vientre, tu cuerpo se siente fuera de control (como el mes pasado y el mes anterior a ése), y sólo estás esperando el momento en que comiences a sangrar. En eso alguien dice: "No exageres, todo está en tu cabeza". ¿Cómo reaccionarías?

La mayoría de las chicas sufre EPM, pero muy pocas reciben apoyo. Si quieres ser una pareja cariñosa y consciente (hijo, hermano, amigo), investiga más sobre el EPM (también llamado síndrome premenstrual). Dale la vuelta a este libro para aprender qué sucede en el ciclo menstrual paso por paso.

"¿QUÉ TAN SEGURO ME SIENTO RESPECTO AL SEXO?"

Accesorios, juguetes sexuales y fetiches

Mucha gente utiliza juguetes sexuales para obtener mayor placer. Los vibradores, consoladores, masajeadores, mariposas vibradoras, bolas anales, anillos, perforaciones… La lista sigue y sigue. Algunos chicos temen ser reemplazados por un vibrador: nunca se queja y siempre lleva a las mujeres al orgasmo. En mi opinión, los juguetes sexuales pueden ser aliados valiosos para proporcionarle placer a tu pareja. Además, puede ser muy placentero usar un vibrador en tu cuerpo, ya sea que lo utilices internamente o sólo lo presiones contra tu pene y testículos.

Si planeas compartir juguetes e insertarlos mutuamente en el cuerpo del otro, utiliza condones para reducir el riesgo de infección. Recuerda limpiar los juguetes al terminar.

Los seres humanos pueden tener fetiches por casi cualquier cosa. Existe una diferencia importante entre tener un fetiche como accesorio sexual y un fetiche de verdad. Hay personas que no pueden excitarse sin un objeto particular. Esto puede ser problemático, pero sólo si esta persona lo considera un problema. Si todas las personas involucradas en el acto sexual están de acuerdo, no hay de qué preocuparse.

PREGUNTAS DIFÍCILES

P   ¿Por qué la gente suspira, grita y gime durante el sexo?

R   Respuesta simple: por muchas razones. Puede deberse a que la energía contenida crece y crece hasta que encuentra salida en un grito o gemido. Quizá necesites suspirar con fuerza porque olvidaste respirar o sólo porque tener sexo se siente increíble.

La respiración concentrada transporta la energía por todo el cuerpo. Los gemidos y gritos comunican nuestros deseos, pueden ser una respuesta a que el sexo se siente muy bien o muy mal. Hacer este tipo de sonidos puede ayudar a transmitir placer o lidiar con el dolor... pero la verdad es que puede ser algo muy sexy.

P   ¿Está bien usar un vibrador a mi edad? Soy un chico de quince años y me gusta hacerlo, ¿pero es seguro?

R   Los vibradores son muy seguros. Si lo insertas en tu ano, recuerda utilizar mucho lubricante a base de agua y hacerlo con calma. Relaja los músculos de tu esfínter con un masaje y ve tan lento como quieras. Si compartes tu vibrador, usar un condón puede ayudar a prevenir ITS.

P   ¿Cómo saber si tu pareja finge los orgasmos?

R   La respuesta simple es que no se puede. La gente responde a los orgasmos de maneras muy distintas. Lo único que queda es confiar que tu pareja se hará responsable de su propio orgasmo. Tú puedes apoyarla y dejarle muy claro que su placer es importante para ti y estás dispuesto a recibir retroalimentación. No desperdicies espacio mental en preocuparte por los orgasmos falsos. Utiliza tu cerebro para aprender más sobre qué le gusta y qué no a tu pareja. Ten la mente abierta y disfruta el momento.

La presión de generar un orgasmo cada vez que te acuestas con alguien puede impedir el placer. No te obsesiones ni te vuelvas un orgasmómetro. "¿Ahora sí te viniste?" Olvida el orgasmo y disfruta la sensación de estar con tu pareja.

P   ¿Cómo le digo a mi pareja que no me gustan sus técnicas sexuales?

R   Primero que nada, sé muy claro sobre lo que no te gusta y por qué. ¿Es algo que puede mejorar con un poco de guía de tu parte o algo con lo que no estás cómodo en absoluto?

La incompatibilidad sexual puede ser un problema serio en una relación. Quizá debas comenzar hablando sobre lo que sí te gusta, y no sobre lo que te molesta, y pedirle que se concentre en eso. Recuerda que las personas son muy vulnerables cuando están en una relación, sobre todo en lo referente al sexo; entonces no importa qué tan constructiva sea tu crítica, puede herir a tu pareja. Tal vez hablar de tus deseos y necesidades fuera de la cama resulte útil. Ser honesto sobre la satisfacción de tus necesidades requiere mucho valor pero vale la pena.

Capítulo 6

Sexo, pero más seguro

"Es bueno sentirte cómodo al hablar de protección, sobre tu seguridad y la de tu pareja, el cuidado y el respeto. Tal vez suene medio raro, pero es como tener una armadura de tranquilidad."

"Siempre envuelve el regalo."

"Explorar todas las cosas que se pueden hacer y mantenerte alejado de las enfermedades y del embarazo no deseado es divertido."

EL SEXO SEGURO ES AQUEL EN QUE SE EVITAN LOS EMBARAZOS NO PLANEADOS Y LAS ITS y hace que todos los involucrados vivan libres de miedo, vergüenza, culpa, explotación y abuso. Algunas personas prefieren hablar de sexo "más seguro" en lugar de "seguro", porque la seguridad nunca puede ser a 100%: todos los comportamientos sexuales conllevan riesgos. Pero no importa cómo lo llames, siempre se reduce a la misma cosa: cuidar de ti y de tu pareja.

Obstáculos para tener sexo *más* seguro

Los efectos a largo plazo de no tener sexo seguro pueden ser considerables, sobre todo si tomas en cuenta que basta cometer un error para cambiar tu vida. Algunas ITS reducen la calidad de vida. Quizá tengas que aprender a manejar una enfermedad crónica, lo cual significa tomar un montón de pastillas todos los días por el resto de tu vida. Tu esperanza de vida también puede disminuir, puedes quedar infértil (incapaz de tener hijos) o, en el otro extremo de las cosas, podrías ser papá (otra cosa para toda la vida).

¿Por qué la gente decide arriesgarse? A continuación hay una lista de las razones que los jóvenes me han compartido:

» Falta de información.
» No teníamos condones o medicamentos anticonceptivos.
» Alcohol y drogas.
» Me presionaron.
» "Nunca me va a pasar a mí."
» No me importa.
» No pensé más allá de ese momento; no pensé a largo plazo.
» Tristeza, depresión; baja autoestima.
» Un chico dijo que usar condón interrumpe la intimidad: "Tienes que salirte luego luego después de venirte para que el esperma no se salga del condón cuando el pene se pone flácido. Me gusta abrazar y ser gentil con mi novia. ¡A veces siento que mi semen es veneno!"

Y TODAS LAS QUEJAS SOBRE EL CONDÓN…

A continuación encontrarás una lista de las razones que la gente suele dar para no usar condón… y algunas de mis respuestas:

» "No había condones a la mano." Mi recomendación es que los chicos guarden condones en todos lados: en su cuarto, en la casa de sus amigos, en la de su pareja. Puedes conseguir condones en casi cualquier lugar; muchas organizaciones los regalan y algunas farmacias incluso te los mandan a tu casa, así que el acceso a ellos no debería ser un problema.

» "Los condones significan desconfianza." Usar condón significa que se tienen suficiente respeto mutuo como para cuidar de su salud.

» "Siempre pierdo mi erección cuando veo un condón." A veces los chicos pierden la erección cuando se lo ponen, puede arruinar el momento o hacerlos pensar en embarazo o enfermedades. Cuando estés solo, prueba utilizar los condones como juguete sexual. De ese modo le quitarás mucha presión a tu pareja. Mastúrbate con condón (no olvides el lubricante). Entrena a tu mente para que al ver un condón no piense en embarazo o enfermedades, sino en sexo. Mientras más practiques, más fácil será.

» "Los condones estorban y arruinan el momento." ¡Pero no tanto como un bebé! Imagina sentirte sexy después de cambiar pañales sucios todo el día. Ya en serio, intenta hacer que los condones sean parte de tus juegos sexuales. Quizás aprovechar para jalártela un poco mientras te lo pones (con lubricante), o tu pareja puede divertirse poniéndotelo, con la boca por ejemplo (¡pero cuidado con los dientes!). Otro consejo es tener el condón listo antes de que las cosas se pongan demasiado candentes. Guárdalos cerca de tu cama. Si estás muy seguro de que tendrás sexo, abre uno o dos para que estén listos para la acción al mismo tiempo que tú. De esta manera, no interrumpirás el momento.

» "No he encontrado condones lo suficientemente grandes/pequeños." Al igual que los penes, los condones vienen en muchas formas, tamaños y colores. Busca hasta que encuentres cuál te queda mejor. También puedes comprar condones más gruesos diseñados para el sexo anal. Con respecto a eso de tener el pene "demasiado grande" para un condón, deberías ver cómo la gente los infla y los pone sobre su cabeza. Si tu pene es tan grande como una cabeza humana, seguramente encontrarás una empresa que querrá patrocinarte y fabricar un producto especial sólo para ti.

» "Siempre se rompen." El condón moderno es extremadamente efectivo. Cuando se rompen, por lo general es porque no fueron bien utilizados. Si te ha pasado, tal vez se deba a que el condón estaba caduco, no había sido guardado correctamente o porque no había suficiente lubricación.

» "Soy alérgico al látex." Siempre puedes conseguir condones de poliuretano.

» "Los condones reducen la sensibilidad. Es como usar un impermeable en la ducha." Algunos chicos prefieren ser menos sensibles porque significa que pueden durar más. Sin embargo, si lo que buscas es más placer, recomiendo poner un par de gotas de lubricante (sólo dos, pues si usas más corres el riesgo de que el condón se salga) en la cabeza del pene antes de ponerte el condón. Esto puede incrementar sustancialmente el placer del usuario.

1 ABRE LA ENVOLTURA CON CUIDADO.

2 APLASTA LA PUNTA DEL CONDÓN PARA SACAR EL AIRE.

3 DESENRÓLLALO HASTA LA BASE DEL PENE ERECTO.

4 APLICA MUCHO LUBRICANTE A BASE DE AGUA EN LA PARTE DE AFUERA DEL CONDÓN.

5 DESPUÉS DE VENIRTE, SOSTÉN LA BASE DEL CONDÓN MIENTRAS LO RETIRAS.

6 TÍRALO EN UN LUGAR SEGURO.

¿VALE LA PENA NO USAR CONDÓN? ¿QUÉ CREO QUE PODRÍA PASAR?

Los condones son lo máximo porque...

Son baratos (y muchas veces gratis en los centros de salud).

Son el único método anticonceptivo que te protege de las ITS. Pero recuerda: sólo protegen las partes que cubren; no sirven para prevenir las ITS que se manifiestan alrededor del área genital.

Son el único método anticonceptivo que los chicos pueden controlar, además de la vasectomía (o sea, acudir a un doctor para que corte los conductos deferentes). Este método les conviene principalmente a los hombres mayores que ya tienen hijos.

Puedes conseguirlos en casi cualquier lugar (si no has encontrado condones en un lugar cerca de ti, contacta al centro de salud o comunitario local y pídeles que hagan algo al respecto).

CONSEJOS PARA USAR CONDÓN

» Siempre ten más de uno a la mano para reemplazarlo por si se rompe. También es bueno para cuando quieras tener sexo más de una vez. Compra algunos para practicar cómo ponértelo. Como cualquier habilidad, mientras más practiques, mejor serás.

» ¿Qué pasa si lo desenrollo del lado incorrecto? Tíralo a la basura; si lo volteas corres el riesgo de transmitir alguna ITS o incluso de embarazar a tu pareja con el líquido preeyaculatorio que puede estar en la punta del pene (una mezcla de orina, esperma y semen). El pene secreta este fluido por la punta cuando se erecta. En pocas palabras, sirve para limpiar la uretra (consulta el diagrama de la sección "Tu aparato reproductivo o 'tus partes'" del capítulo 2) y prepararla para la próxima descarga de semen.

» Guárdalos correctamente. Debes conservarlos en un lugar fresco y mantenerlos fuera de la luz solar. Un buen lugar es el cajón de tu mesa de noche, pero puedes guardarlos hasta en el refrigerador. Me han contado de varios padres que ponen una reserva generosa de condones en el frutero; de ese modo cualquiera puede tomar uno sin sentirse avergonzado (nota para los papás: no olviden incluir lubricante).

» Está bien dejarlos en el auto una noche, pero sácalos cuando llegues a casa. Si estuvieron expuestos al calor, tíralos a la basura. No vale la pena arriesgarse.

» Algunas personas son alérgicas al látex y no lo saben hasta que tienen reacciones negativas al usar un condón. Si es tu caso, usa condones de poliuretano y todo estará bien.

» ¿Es más seguro usar doble condón? No. Los condones generan fricción entre ellos y pueden romperse o alguno salirse y quedar dentro de tu pareja.

» No los tires al inodoro, tienen el mal hábito de flotar de regreso y no son muy ecológicos.

» Quizá lo más importante: si vas a usar condón, hazlo porque quieres. No te quejes todo el tiempo de tener que usarlos: eso es chantaje emocional.

¿QUÉ HACER SI EL CONDÓN SE ROMPE?

¡Detente! Puedes seguir en la acción si quieres, pero busca otra manera de hacerlo sin incrementar las probabilidades de contraer una infección y sin arriesgarte a embarazar a tu pareja. Si continúas la penetración pene-vagina, podrías empujar un poco del líquido preeyaculatorio (el cual puede contener un virus, bacterias o espermatozoides activos) del cuello del útero a su interior, un lugar mucho más amigable con los espermatozoides.

Tal vez hacerte pruebas para detectar ITS sea una buena idea si tuviste sexo con una mujer que no utiliza otro tipo de método anticonceptivo: ella tiene la opción de emplear un anticonceptivo de emergencia para prevenir el embarazo (consulta la sección "Anticoncepción" más adelante en este capítulo, para conocer más detalles).

Si existe la posibilidad de que tu pareja sea VIH positiva, puedes contactar al Centro Nacional para la Prevención y Control del VIH y el SIDA (Censida) o llamar a telSIDA para solicitar información sobre la profilaxis postexposición (PPE). Se trata de un tratamiento con medicamentos para prevenir la activación del virus, el cual tiene mayor efectividad en las primeras 72 horas después del contacto, así que no lo pienses mucho antes de actuar.

¿SE PUEDE TENER SEXO SIN CONDÓN?

En caso de que tu pareja y tú estén 100% seguros de no querer usar condones, ¿existe alguna otra opción? En realidad no hay muchas, pero puedes considerar lo siguiente:

» Abstenerse de tener sexo: es 100% seguro.
» El sexo oral es un poco menos riesgoso que la penetración; no puedes embarazar a nadie, pero sí contraer alguna ITS.
» La masturbación también conlleva menos riesgos que la penetración, pero de todas formas puede haber transmisión de enfermedades por el contacto con las manos.
» Que tu pareja y tú se hagan pruebas para detectar ITS (lo cual siempre es una buena idea), y así asegurarse de que ninguno de los dos le transmitirá una enfermedad al otro. Después elijan otro método anticonceptivo (no es necesario si tu pareja es otro chico). De este modo estarás protegido, siempre y cuando el método de su elección sea confiable y ninguno tenga sexo fuera de esta relación. La honestidad, la confianza y el compromiso son fundamentales para mantener la salud.

Concepción y anticoncepción: Lo que todo chico debe saber

Esta sección está dedicada a la anticoncepción en relación con los hombres. Para más información sobre este tema, voltea el libro y aprende más en la sección *Ellas*. También puedes entrar en la sección de preguntas frecuentes del Centro Nacional de Equidad de Género y Salud Reproductiva en http://www.cnegsr.gob.mx/programas/planificacion-familiar-y-anticoncepcion/interes-pfa/faqs-pfa.html.

La concepción (hacer un bebé) consiste básicamente en juntar un espermatozoide y un óvulo. El propósito de la anticoncepción (la prevención del embarazo) es evitar esta unión a través de un método de barrera (como el condón) u hormonal. Algunas hormonas pueden hacer que el cuerpo deje de expulsar óvulos de los ovarios y fomentan que el recubrimiento interno del útero sea muy poco propicio para la implantación del óvulo. Otras espesan tanto la mucosidad del cuello uterino que evita la entrada del semen al útero para llegar a las trompas de Falopio y fecundar algún óvulo disponible.

Utilizar un método de barrera para complementar un método hormonal es una gran manera de duplicar la protección y evitar un embarazo no planeado.

Como ya dije, los condones son el único método anticonceptivo que un chico puede controlar. Sin embargo, existen otras maneras de ser responsables. Lo primero es averiguar cómo funcionan los distintos métodos anticonceptivos, cuál de ellos utiliza nuestra pareja y cómo podemos apoyarla. Quizás ayudarle a recordar que es hora de tomar la pastilla, compartir el costo del medicamento o incluso pagarlo por completo (después de todo, ella es quien enfrentará los riesgos de salud y los efectos secundarios).

Demuestra que apoyas a tu pareja acompañándola al doctor. Haz preguntas, muestra interés. Es muy importante que respetes sus decisiones, sobre todo si no quiere utilizar otro método anticonceptivo además del condón. Las hormonas suelen incluir muchos efectos secundarios. ¿Estarías dispuesto a soportar dolores de cabeza, náuseas, pechos sensibles, acné o cambios de humor?

LA PASTILLA ANTICONCEPTIVA

Si tu novia toma pastillas anticonceptivas, quizá sea una buena idea tener un paquete en tu casa para evitar olvidos. Debes estar seguro de comprar las que le hayan recetado: no todas son iguales.

Las pastillas anticonceptivas se deben tomar más o menos a la misma hora, todos los días. Si tu pareja olvida tomar una o no la toma cuando debía, lo recomendable es utilizar condón hasta que su tratamiento anticonceptivo vuelva a comenzar. Voltea este libro para más información sobre la pastilla anticonceptiva.

EL MÉTODO DEL RETIRO

Muchos chicos le prometen a su novia "salirse antes de venirse". El coito interrumpido es muy inseguro por varias razones: puede haber líquido preeyaculatorio en la punta del pene o tal vez pierdas el control en un momento crucial (puedes estar seguro de que te vas a salir y de pronto… ups, es demasiado tarde).

ANTICONCEPTIVOS DE EMERGENCIA

Se trata de una dosis muy alta de pastillas anticonceptivas. No se recomienda su uso regular. La píldora de emergencia es efectiva hasta cinco días después del sexo sin protección, pero mientras más rápido se consuma, mejor. Puedes conseguirlas con doctores, en clínicas de salud sexual, hospitales y en la mayoría de las farmacias.

¿EL SEXO DURANTE LA MENSTRUACIÓN ES UNA FORMA DE ANTICONCEPCIÓN?

¡No! Las mujeres por lo general sólo son fértiles un día de cada 28 (aproximadamente) y suele suceder a la mitad de su ciclo. Sin embargo, los ovarios pueden expulsar óvulos sin que lo sepamos. Además, el semen puede vivir hasta una semana en el útero y en las trompas de Falopio. No importa que hayan tenido sexo durante su periodo, el embarazo es posible.

"¿CÓMO SABER SI MI NOVIA TOMA ANTICONCEPTIVOS? ¿CÓMO PUEDO APOYARLA?"

Infecciones de Transmisión Sexual (ITS)

Las ITS también son llamadas ETS (enfermedades de transmisión sexual). ¿Cuál es la diferencia? Ninguna. En realidad no importa cómo las llames, pero es vital saber que existen. Las ITS se transmiten por el contacto directo con la piel o el intercambio de fluidos corporales (sangre, semen, fluido vaginal, mucosidad anal). También existen algunas que pueden literalmente caminar al cuerpo de otra persona (como las ladillas o la escabiosis). No todas las ITS son de transmisión sexual. Las ladillas (piojos púbicos) y la escabiosis (causada por un parásito "arador de sarna") pueden contagiarse al compartir la cama o la ropa, o secarse con la misma toalla. Aunque técnicamente no es una ITS, la hepatitis C se puede contagiar por compartir un cepillo de dientes o un rastrillo para afeitar. Además, tanto la hepatitis C como el VIH pueden transmitirse por compartir jeringas.

Consulta la lista de ITS comunes, qué son y cómo se transmiten en la sección *Ellas*. Existe una ITS exclusiva para hombres llamada uretritis no gonocócica o UNG, la cual causa ardor durante la micción y puede hacer que el pene secrete una descarga inusual (mucosidad). Por suerte, se puede tratar con antibióticos.

SÍNTOMAS DE LAS ITS

¿Qué debes buscar? Protuberancias, bultos, irritación, granos, dolor al orinar, síntomas parecidos a la gripa, malestar general, ampollas, olores y descargas inusuales (o sea, no orina, semen o esmegma) o pérdida desigual de cabello. También puedes sentir comezón o incluso ver las ladillas en tu pubis.

Lo más importante: quizá no haya ni un solo síntoma.

La mayoría de los síntomas antes enlistados pueden ser causados por otras condiciones, así que sólo hay una manera de estar seguros: hacerte las pruebas.

PRUEBAS DE ITS

No se puede saber quién tiene una ITS por su aspecto, vestimenta o actitud. Ni siquiera es posible después de una exploración profunda de sus genitales. Algunas ITS no producen síntomas, así que muchas veces ni siquiera estamos conscientes de tener una. La única manera de comprobarlo es con una serie de pruebas.

Si tú, tu pareja o ambos manifiestan una ITS, puede ser causa de tensión dentro de la relación. Por ejemplo, si uno de los dos tiene herpes pero no se ha manifestado en muchos años, quizá cometa el error de creer que está curado, aunque el virus siga en su cuerpo. Los virus se manifiestan en momentos de estrés. Imagina que acabas de cumplir tres meses con tu novia, la fase de luna de miel ya terminó, y estás comenzando a preocuparte por el futuro de su relación. De pronto, ¡pum!, aparece una gran ampolla roja en tus genitales o en los de tu pareja. El primer impulso es culparse mutuamente por el contagio o asumir que uno de los dos ha sido infiel.

En mi opinión, vale la pena hacerse pruebas antes de comenzar tu vida sexual con una nueva pareja. Al menos así sabrás a qué te enfrentas.

Puedes acudir con tu doctor particular, a un hospital o a los centros de salud cerca de ti. Quizás haya una clínica especializada en la detección de ITS en tu localidad, como la Clínica Especializada Condesa en la ciudad de México. Además de los síntomas físicos, las ITS afectan a las personas en términos emocionales. Puedes sentirte enojado, avergonzado, traicionado, triste, asustado o todas las anteriores. En las clínicas especializadas encontrarás personas que hablarán contigo sobre estos temas durante la realización de las pruebas. También te ayudarán en el proceso de obtención de resultados y tratamiento. Si no encuentras personas capacitadas, busca ayuda de algún experto.

TRATAMIENTO

Ya es hora de una buena noticia: la mayoría de las ITS pueden curarse con antibióticos, cremas o ungüentos. De hecho, el cuerpo es capaz de curar algunas sin ayuda. Sin embargo, existen otras ITS que se quedan por siempre en tu cuerpo y requieren un cuidado especial de tu parte. Los virus se fortalecen en situaciones de estrés y enfermedad, y algunos requieren medicación continua.

Lo más importante es que estés consciente de tu estado de salud y la única manera de hacerlo es con pruebas. Así puedes saber si tienes una ITS curable o una manejable.

TABLA DE ITS Y TRATAMIENTO

BACTERIAS
Curables con antibióticos

SÍFILIS

GONORREA

CLAMIDIA

URETRITIS NO GONOCÓCICA

VAGINOSIS BACTERIANA

GARDNERELLA

ENFERMEDAD PÉLVICA INFLAMATORIA

TRICOMONIASIS

VIRUS
Los síntomas son tratados y el virus desaparece.
Algunos tipos se quedan en el cuerpo y los síntomas reaparecen.

HERPES GENITAL
Se queda en el cuerpo, se manifiesta periódicamente.

VERRUGAS GENITALES (CONDILOMAS)
El virus se queda en el cuerpo y pueden reaparecer.

VIRUS DEL PAPILOMA HUMANO
Se queda en el cuerpo o puede reaparecer.

HEPATITIS A
Puede quedarse en el cuerpo o curarse.

HEPATITIS B
Puede quedarse en el cuerpo o curarse.

HEPATITIS C
Puede quedarse en el cuerpo o curarse.

VIH/SIDA

HONGOS
Curables con cremas antimicóticas

CANDIDIASIS

PARÁSITOS
Curables con shampoo y soluciones dermatológicas especiales.

ESCABIOSIS

LADILLAS

PREVENCIÓN

Recuerda que los condones y el lubricante a base de agua son la mejor protección contra ITS. Otros métodos de barrera, como los diques de goma, son una gran manera de prevenir la transmisión de enfermedades a través del sexo oral, aunque los condones también sirven para eso.

Procura no cepillarte los dientes o comer alimentos filosos, como totopos o tostadas, antes de tener sexo oral. Estas acciones pueden causar pequeñas cortadas o heridas en tu boca, es decir, puertas de entrada para las ITS a tu torrente sanguíneo.

Si tienes una ampolla abierta, una úlcera o una llaga, mantenla tan lejos de tu pareja como te sea posible. Debes tener cuidado con las heridas, rasguños y cortaduras en tus manos. Las ITS se pueden transmitir a través de todas estas lesiones. Una manera de proteger tus manos es utilizando guantes de látex. Tal vez no sea muy romántico, pero al igual que los condones, puedes usar tu creatividad para volverlos parte de tus juegos sexuales.

Ten cuidado con las perforaciones: pueden romper condones. También debes saber que la lengua nunca termina de curarse si tiene un arete; tu perforación podría ser la entrada de alguna ITS.

Hablar de ITS con tu pareja es muy importante; la honestidad es esencial para la ética sexual. Si crees que podrías exponer a tu pareja a alguna enfermedad, lo mejor es hacerle saber qué riesgos está corriendo. Tal vez sea una de las conversaciones más difíciles de la vida, pero sería todavía más difícil hablar más adelante si ya hubo transmisión de la enfermedad.

Hay varias infecciones que generan mucha preocupación pero no necesariamente son peligrosas. Los acrocordones (fibromas benignos) se parecen a las verrugas, pero no lo son; los quistes en el escroto se sienten como cáncer, pero no lo son; las pápulas perladas o erupciones en el pene pueden parecer síntomas de una ITS, pero en realidad no lo son. Todas estas condiciones son benignas e inofensivas. Sin embargo, acostumbrarte a ir al doctor para examinar cualquier cambio es bueno para saber exactamente a qué te enfrentas.

LÁVALO... Y SÉCALO

Lava tus genitales con regularidad. Si no estás circuncidado, el esmegma (una sustancia quesosa) puede acumularse debajo del prepucio. No te preocupes, es un derivado natural compuesto del aceite de la piel, células cutáneas y bacterias que no es dañino, siempre y cuando se lave con frecuencia. Si no lo haces puede acumularse hasta que las bacterias se salen de control y comienzan a apestar. Así que lávate abajo del prepucio todos los días con agua y jabón hipoalergénico o suave. ¡Asegúrate de secarte por completo! La humedad puede generar una condición llamada balanitis.

PREGUNTAS DIFÍCILES

P   ¿Cuál es la diferencia entre el VIH y el SIDA?

R   El VIH (Virus de Inmunodeficiencia Humana) es el virus que afecta el desempeño del sistema inmunológico y permite la entrada de otras enfermedades al cuerpo. Cuando alguien se contagia de una o más de estas infecciones oportunistas, se dice que ha adquirido el síndrome de inmunodeficiencia adquirida, SIDA.

P   ¿El líquido preeyaculatorio puede embarazar?

R   Cuando el pene se erecta, se limpia a sí mismo. Esto significa que expulsa los restos de semen viejo u orina acumulados en la uretra. De este modo todo está listo para la siguiente eyaculación. Este fluido se llama líquido preeyaculatorio o preseminal y puede contener espermatozoides capaces de embarazar. Este líquido también puede contener virus y bacterias, así que la transmisión de ITS es posible.

P   ¿Cuál es la ITS más común?

R   La ITS más común también es la más fácil de tratar. La clamidia es una infección bacteriana que puede curarse con antibióticos. Una de las razones por las que es tan frecuente es que en muchos casos no presenta síntomas. Existen altas probabilidades de que una persona contraiga esta enfermedad y, sin saberlo, la propague.

P   ¿Cómo puedo saber si alguien tiene una ITS?

R   Con frecuencia es imposible. Las ITS no discriminan y cualquiera puede contagiarse. Una visita a la clínica local puede confirmarlo. Encontrarás deportistas, personas de negocios, del tipo artístico, gente joven y vieja, hombres, mujeres: de todo. Los síntomas de muchas infecciones no siempre son visibles; puedes examinar a alguien de pies a cabeza con una luz muy brillante sin encontrar un solo signo de que algo anda mal, pero eso no significa que no tenga nada. La única manera de estar seguro de con qué te estás enfrentando es hacerte las pruebas.

P   Diagnosticaron a mi pareja con clamidia, ¿qué hago?

R   Hazte la prueba. Es importante que detecten la infección y te den tratamiento. De este modo evitarás volver a contagiar a tu pareja.

Capítulo 7

Cuando la cosa se complica

"El sexo no es fácil. Es bueno saber que no eres el único en el mundo que sufre todo el drama. De haber sabido que no estaba solo, no me hubiera sentido tan mal."

"La negación es tentadora pero al final apesta. Intentar olvidar los problemas y esperar a que desaparezcan no sirve de nada. La comunicación es la mejor opción."

"Intenté hablar con algunas personas, pero creo que nadie quería escuchar."

La violencia sexual, el abuso infantil y las deficiencias sexuales son temas rodeados de silencio. Sin embargo, la gravedad de estos asuntos es la mejor razón por la que deberíamos hablar de ellos y exigir atención a gritos y a todo pulmón.

Por lo general, es muy difícil para los chicos hablar de su necesidad de intimidad. Hablar de miedo y confusión en relación con el sexo se percibe como poco masculino. Es hora de romper con las barreras que nos separan del mundo y de nuestros amigos; ¿cómo podemos abrir espacio para tener estas conversaciones?

Violencia sexual

La violencia sexual incluye el abuso durante la infancia (cuando un adulto involucra a un niño en cualquier tipo de comportamiento sexual), así como la agresión sexual. Esta violencia puede afectar a todos: amigos, miembros de tu familia, tu pareja o a ti mismo. Varias investigaciones sugieren que una de cada tres mujeres y uno de cada cinco hombres jóvenes han experimentado contacto sexual indeseado antes de cumplir 18 años. La gente joven y las personas con discapacidades o problemas mentales corren mayor riesgo de ser blanco del abuso sexual.

Es muy triste decirlo, pero la mayoría de los casos de violencia en relaciones es perpetrada por los hombres. No importa de dónde vengas, cuánto dinero tengas, si eres homosexual o heterosexual, el abuso es inaceptable.

La mayoría de la gente piensa que la palabra violencia se limita a actos físicos como golpes, pero en realidad se manifiesta de muchas formas. Desde decirle a alguien cómo vestirse, con quién juntarse, qué hacer, en qué gastar su dinero o qué hacer juntos en términos sexuales: todo eso es violencia. Hacer que una persona se sienta mal e insegura por humillación, amenazas o por despreciarla constantemente también es violento. Comportarse de este modo no está bien, no importa si eres hombre o mujer.

Si crees que has actuado de manera controladora o abusiva, es momento de frenar esta situación. Tal vez aprendiste de otras personas que te trataron así cuando supuestamente te amaban, pero no tiene por qué ser así. Detener el ciclo de violencia (personas que tratan mal a otras hasta que aprenden a tratar mal a otros y estos otros a otros) es hacerte responsable de tu vida. Desquitar tu enojo con terceros nunca está bien. Debemos asumir nuestro papel de hombres y cuestionar dichos comportamientos. No contagiar de violencia a la siguiente generación está en nuestras manos. Para más información visita la página del Instituto Nacional de las Mujeres y consulta sus talleres, pláticas y asesorías sobre violencia: http://www.inmujer. df.gob.mx/wb/inmujeres/inicio.

Alcohol y otras drogas

El consumo de alcohol y drogas puede llevar a comportamientos abusivos y definitivamente te puede impedir tener una relación saludable y, por supuesto, sexo increíble, sobre todo a largo plazo. Por otro lado, existe gente que tiene relaciones muy saludables a pesar de consumir drogas y alcohol.

"¿SOY VIOLENTO, CONTROLADOR O ABUSIVO?"

Las drogas y el alcohol pueden relajarnos y muchas veces sirven para deshacernos de nuestras inhibiciones, pero también afectan nuestras decisiones. Lo mejor es ser 100% honesto contigo mismo. Cuando estés sobrio pregúntate qué estarías dispuesto a hacer y qué riesgos tomarías. Mientras tanto, procura llevar contigo condones y lubricante, "por si acaso".

El abuso de drogas genera muchas preguntas (que no debes responder ebrio o drogado). Siempre les pregunto a los chicos qué es más importante para ellos: ¿drogarse o su relación? También les pregunto a sus parejas si están preparadas para estar en una relación con alguien que no dejará de consumir drogas. Son preguntas difíciles, sobre todo para personas enamoradas. Nunca es buena idea entrar en una relación creyendo que es posible cambiar al otro, pero puede ser muy aburrido estar con alguien que siempre está muy pasado. El consumo de alcohol y drogas no es excusa para ejercer violencia o abuso.

"¿MI CONSUMO DE DROGAS AFECTA MI RELACIÓN?"

Abuso sexual

El término "abuso sexual" incluye:

» Acoso: preguntas sexuales invasivas, chistes groseros, repetición de frases para ligar.
» Ofensa sexual: masturbación, contacto o frotamiento indeseado.
» Violación: sexo oral, anal o vaginal indeseado; penetración forzada con un pene, objeto o cualquier otra parte del cuerpo.
» Coerción: sexo sin consentimiento, en el que una persona es manipulada, engañada, obligada o amenazada.

¿POR QUÉ MUCHAS PERSONAS DECIDEN NO REPORTARLO?

Se calcula que sólo 15% de los casos de abuso sexual son reportados. ¿Por qué no hay más gente alzando la voz?

El miedo a vivir más violencia, la adjudicación de la culpa (cuando la persona agredida cree que de alguna manera se merece el abuso por sus acciones, vestimenta o actitud), no querer reconocer la violencia o el temor a que nadie escuche o crea la verdad muchas veces evita que estos actos salgan a la luz.

Los chicos que quisieran reportar un abuso se enfrentan a muchos obstáculos, incluyendo:

» Homofobia: como la mayoría de los perpetradores de la violencia sexual son hombres, muchos de los chicos que sufren abuso temen ser tachados de homosexuales.
Las emociones se complican aún más para el sujeto del abuso si tuvo una erección o eyaculó durante el acto sexual. Esto no significa que lo haya disfrutado, puede ser una respuesta meramente física.
» La idea de que no se puede abusar de los hombres surge gracias a la noción de que una víctima siempre es débil. Denunciar el abuso implicaría admitir que alguien más tiene poder sobre ti.
» El perpetrador podría ser mujer. Admitir que una mujer es más fuerte que tú representa una humillación adicional.
» Existe el mito de que todas las víctimas se convierten en victimarios; el temor a ser etiquetados como criminales en potencia puede disuadir a muchos chicos de denunciar una situación de abuso.

Las personas que han experimentado la violencia sexual dicen que es como una sentencia perpetua. Algunos hablan de sentirse echados a perder o fuera de control. Sin embargo, recuperar las riendas es posible. Quizá las heridas tarden mucho tiempo en sanar y requieran una gran cantidad de esfuerzo de tu parte (recibir apoyo siempre ayuda), pero se puede saltar de víctima a sobreviviente y aprender a seguir adelante.

CÓMO APOYAR A UN SOBREVIVIENTE DE LA VIOLENCIA SEXUAL

Algunas reacciones son útiles, otras no lo son. Una gran manera de comenzar es escuchar, creer y apoyar. Culpar o presionar a la persona para recibir terapia o tratamiento psicológico, denunciar el acto a la policía o sugerir que se olvide de lo sucedido no es muy recomendable.

Hay muchos libros útiles que puedes consultar, por ejemplo *El coraje de sanar: Guía para mujeres y hombres supervivientes de abuso sexual en la infancia*, de Laura Davis. Busca los libros del autor experto en el tema William Lee Carter; puedes hojearlos y comprarlos en línea. También acude a los centros de salud o a una biblioteca universitaria para encontrar más libros al respecto. Consulta la lista en la sección de recursos de este libro y explora los sitios o contacta a las instituciones especializadas.

TOMAR POSTURA

Depende de hombres como nosotros construir una postura en contra de la violencia sexual. ¿Pero qué podemos hacer? Una de las cosas principales es ayudar a las personas a nuestro alrededor a tomar conciencia sobre el impacto y frecuencia de la violencia sexual. Cuestiona el comportamiento de otros chicos, pregunta por qué ese chiste ofensivo es gracioso, no permitas que tu amigo emborrache a una compañera para acostarse con ella, no dejes que menosprecien a una persona que haya sufrido una violación, no veas pornografía violenta, no importa si es real o falsa. Si tú no cuestionas estas situaciones, podrías darles la impresión a otros de que la violencia sexual no tiene nada de malo.

El Instituto de las Mujeres declaró que 99% de los perpetradores reportados de abuso sexual son hombres. Recuerda que, aunque la mayoría de los abusadores son hombres, la mayoría de los hombres decide no abusar.

La salud mental, la depresión, la ansiedad y el sexo

Las enfermedades mentales aún son un tabú, a pesar de que una de cada tres personas ha tenido un problema de esta naturaleza en algún momento de su vida. Una condición de este tipo puede tener efectos paralizantes en nuestra sexualidad. Aprender a relacionarnos con otros puede ser una tarea monumental y cosas como los cambios de humor y los medicamentos podrían alterar nuestra funcionalidad sexual.

Si una enfermedad afecta tus relaciones o tu vida sexual, es recomendable discutirlo con tu doctor. Tal vez parezca vergonzoso, pero si nadie sabe qué sucede en tu cabeza, es imposible obtener la ayuda y el apoyo necesario para cambiar.

Interrupción del embarazo

Una de las conversaciones más difíciles que suelo tener con chicos es cuando no quieren que su pareja interrumpa su embarazo (aborte). La realidad es que los hombres por lo general no tienen la última palabra en este asunto. Las mujeres son quienes ponen su vida en riesgo durante el embarazo y el parto, por lo tanto la interrupción del mismo es su decisión 100%. El único consejo que puedo dar es que apoyes a tu pareja, pues se trata de un momento crítico. Las chicas no se toman una decisión así a la ligera y debes respetar lo que sea que elijan.

La comunicación es vital; ofrece tu apoyo. Quizás ella quiera que la acompañes a su cita o prefiera ir sola o con una amiga. Lo más importante es dejar en claro que estás ahí para lo que necesite, así ella sabrá que te importa.

Apoyar su decisión no significa que te guste. Muchos chicos se sienten enojados, tristes, impotentes o traicionados; todas son reacciones naturales. Si necesitas hablar con alguien para lidiar con estas emociones, contacta alguna de las organizaciones o consulta los sitios en la sección de recursos.

Dificultades sexuales

Un estudio sobre la salud de las relaciones realizado en Australia en 2002 exploró las dificultades sexuales que los participantes habían experimentado por lo menos un mes durante el año anterior. Esta investigación descubrió que los problemas más comunes son:

- » Falta de interés en el sexo (24.9% en hombres y 54.8% en mujeres)
- » Llegar al orgasmo demasiado rápido (23.8% en hombres y 11.7% en mujeres)
- » No poder tener un orgasmo (6.3% en hombres y 28.6% en mujeres)
- » No disfrutar el sexo (5.6% en hombres y 27.3% en mujeres)
- » Dolor físico (2.4% en hombres y 20.3% en mujeres)
- » Preocupación por la imagen corporal (14.2% en hombres y 35% en mujeres)

Algunas dificultades sexuales pueden conducir a otro tipo de problemas. La ansiedad generada por el miedo al mal desempeño sexual puede hacer que te vengas demasiado rápido o enfrentes problemas de erección. Esto, a su vez, puede causar falta de interés en el sexo, lo cual conduce a discrepancias en el deseo sexual e incompatibilidad, y esto puede generar ansiedad por miedo al mal desempeño, y volvemos a empezar.

La mayoría de estos problemas sexuales se debe a una combinación de factores. Algunos pueden ser físicos, como una infección, una herida o dolor. Otros son psicológicos, como un trauma sexual causado por abuso, ansiedad, falta de experiencia o depresión. También puede ser una reacción a un medicamento o a tu ambiente.

El reto es encontrar la solución. A veces es necesario excavar un poco para llegar a la raíz. Un terapeuta o un consejero te pueden ayudar a identificarla.

En este tipo de situaciones, el apoyo de una pareja es útil pero no siempre está disponible. Tal vez nos avergüenza demasiado hablar de estos problemas o quizá no tenemos una pareja con quien hacerlo.

Si tu pareja o tú experimentan alguna dificultad como las descritas arriba, no duden en contactar algunas de las organizaciones o páginas web de la sección de recursos en este libro.

FALTA DE INTERÉS EN EL SEXO

No estar interesado en el sexo es prueba de que el mito de que los chicos siempre están listos para tener sexo es, en efecto, un mito. Existen muchísimas razones por las que un hombre puede no desear tener sexo: cansancio, enfermedad, estrés o tristeza. O tal vez simplemente no le interesa; algunas personas se consideran asexuales. También puede deberse a alguna situación específica del momento o a que se encuentra en una situación en la que no quiere estar. La falta de interés en el sexo es una de esas cosas que la gente convierte en un problema, pero si no es problemático para tu pareja y para ti, no hay de qué preocuparse.

EYACULACIÓN PREMATURA

La mayoría de los chicos en algún momento ha experimentado o experimentará la eyaculación precoz, es decir, venirse antes de querer hacerlo. Mucha gente pregunta: "¿Qué tan pronto es demasiado pronto?" Si te vienes después de diez minutos de acción, y tu pareja y tú están satisfechos con eso, entonces no pasa nada. Sólo es un problema cuando te vienes antes de querer venirte. Eso sí que es frustrante.

Lamentarte, quejarte, enfurecerte y hacerte sentir mal o culpar a tu pareja es muy poco excitante. Recuerda: el sexo es mucho más que "metérsela a alguien". Si puedes aprender a venirte rápido, puedes reaprender a disfrutar el camino concentrándote en la intimidad y en el faje; esfuércense por hacerse sentir bien mutuamente.

Arreglar un problema así requiere compromiso, pero vale mucho la pena para lograr una vida sexual satisfactoria. Decidí incluir algunas técnicas para superar la eyaculación precoz porque es una de las preocupaciones más frecuentes entre los jóvenes y es muy fácil de resolver. Ten cuidado con todas las "curas" y soluciones disponibles en el mercado, pues en realidad no arreglan el problema. De hecho, pueden hacer el sexo menos disfrutable y, si bien te va, serán un paliativo pero no una cura. Muchos productos simplemente no funcionan.

Parar-reiniciar, ¿o apretar?

Las dos técnicas principales para superar la eyaculación precoz es la de "parar-reiniciar" y la de "apretar". Los pioneros de estos métodos fueron los investigadores William Masters y Virginia Johnson. Puedes practicar ambos ejercicios masturbándote, así podrás identificar el momento en el que estás a punto de venirte. Cuando sientas que vas a eyacular, deja de masturbarte (como indica el nombre, parar/reiniciar) o aprieta la base de la cabeza del pene (con cuidado). Cuando la urgencia de eyacular haya pasado, comienza a masturbarte de nuevo. Procura durar cada vez más tiempo sin venirte en cada práctica.

Una vez que estés listo, puedes dar el siguiente paso y repetir este proceso durante la masturbación con tu pareja. Esto requiere mucha comunicación y el apoyo de tu pareja. Explícale que debe parar o apretar tu pene cada vez que estés a punto de venirte. Retomen la acción cuando el impulso de eyacular haya pasado.

El siguiente paso es que tu pareja te masturbe mientras tú tocas su cuerpo. Después intenta penetrar a tu pareja sin moverte, sólo mantente en su interior. Si sientes que te vas a venir, detente o saca el pene y apriétalo.

Después de varios intentos estarás listo para comenzar a moverte. Tan pronto como sientas que la eyaculación es inminente, detente o saca el pene y apriétalo. De ti depende con qué ritmo avanzar en cada fase. Procura aguantar más tiempo cada vez, hasta que ambos estén satisfechos.

¿Qué más puedes hacer?

Otra manera de lidiar con la eyaculación precoz es venirte como siempre, pero explorar tu sexualidad y la de tu pareja de otras maneras: recuerda que todo tu cuerpo es un órgano sexual. Cuando estés listo, vuelve a intentarlo.

Ejercitar los músculos del suelo de la pelvis (llamados ejercicios de Kegel) es una gran manera de controlar la eyaculación. Flexiona los músculos que te permiten dejar de orinar a la mitad de la micción. Estos ejercicios también ayudan a conseguir orgasmos más intensos.

¡Nunca te rindas! Si alguna de estas técnicas no te funciona, contacta alguna de las instituciones o visita las páginas de la lista "Aprende más" en la sección de recursos.

ANORGASMIA

Las estadísticas sugieren que la incapacidad para llegar al orgasmo no es un problema común entre los chicos, sin embargo es importantísimo para las mujeres. Voltea este libro para enterarte de qué piensan ellas sobre el orgasmo.

Algunos de los mitos alimentados por el porno es que el sexo siempre termina en orgasmo y, más específicamente, el sexo siempre acaba cuando el hombre se viene. Esto último promueve la idea de que el orgasmo propio es la única meta, lo cual hace que nos olvidemos de nuestra pareja y el placer compartido del acto sexual.

Otro mito de la pornografía es que las mujeres siempre se vienen con el sexo pene-vaginal. La realidad es que muchas chicas nunca llegan al orgasmo con este tipo de sexo, sino que requieren estimulación del clítoris. De hecho, algunas mujeres nunca tendrán un orgasmo.

Existen muchas razones que imposibilitan a una persona a alcanzar el clímax. Quizá se deba a que no está cómoda física o emocionalmente, o puede deberse a una percepción negativa del sexo y al temor de estar haciendo algo sucio o malo.

El orgasmo de tu pareja es su responsabilidad, pero sería una buena idea preguntar si existe alguna manera de ayudarla. Modificar tu técnica o hacerle saber que su placer es importante para ti puede ser de mucha ayuda. Evita poner más presión sobre cualquiera de los dos. El sexo es placer, no desempeño.

NO DISFRUTAR EL SEXO

A veces la gente no disfruta el sexo por concentrarse en satisfacer a su pareja. Piensa que si la otra persona lo supiera se horrorizaría. No hay una ley que dicte que estás obligado a disfrutar el sexo, pero tenerlo y no gozarlo puede impactar gravemente nuestra salud y bienestar. Si quieres disfrutar el sexo pero no lo has logrado, contacta alguna de las organizaciones o visita uno de los sitios de la sección de recursos al final del libro.

SEXO DOLOROSO (DISPAREUNIA)

Aunque la dispareunia (término formal para referir al coito doloroso) no se ha identificado como un problema grave entre los hombres, es importante considerarlo si queremos que las mujeres con las que tenemos sexo lo disfruten. El sexo doloroso puede deberse a una serie de razones: falta de lubricación, una infección o reacción alérgica al condón o lubricante, incomodidad, fricción o distensión muscular.

La conclusión es que, si el sexo es doloroso, debes parar y averiguar qué anda mal. De esa manera puedes hacer algo para solucionarlo.

PROBLEMAS DE ERECCIÓN

Entre los jóvenes, los problemas para tener y mantener una erección se deben al uso de drogas. ¿Sabías que fumar tabaco afecta tu presión sanguínea? Las erecciones necesitan esta presión, así que el cigarro que te fumes hoy puede evitar que tengas erecciones en el futuro; ¡deberían poner eso en las cajetillas!

Algunas "curas" para la disfunción son peligrosas: las bombas de vacío pueden dañar al pene y los medicamentos como el Viagra son inseguros en ciertas condiciones. Para más información visita la página o llama a la Asociación Mexicana para la Salud Sexual, A.C. (AMSSAC) http://www.amssac.org/.

DISCREPANCIA EN EL DESEO SEXUAL

Nuestra libido (el deseo sexual) puede ser afectada por un gran número de factores: estrés, enfermedad, el ciclo menstrual o problemas no resueltos dentro de la relación. Es muy importante tener expectativas realistas relativas al deseo. Esperar que los niveles de deseo sexual entre tu pareja y tú estén perfectamente alineados todo el tiempo (si es que llega a ocurrir) es ingenuo y, por supuesto, muy poco realista.

La discrepancia sexual puede alterar por completo la relación. La comunicación honesta y abierta es un buen primer paso para identificar el problema. A partir de ahí pueden explorar distintas soluciones o tratamientos, desde cambios en el estilo de vida o en la relación, hasta tratamiento médico y asesoría profesional. Se ha comprobado que ayuda a equilibrar las expectativas y los niveles de deseo.

VAGINISMO

El vaginismo es una condición que causa la contracción de los músculos alrededor de la vagina, cerrándola por completo. Esto sucede por varias razones. Quizá se siente nerviosa, insegura o no está preparada para tener sexo; tal vez tiene un trauma generado por abuso sexual, o puede ser por alguna infección o dolor. Muchos chicos me han dicho que han tenido problemas "encontrando el hoyo". Esto puede ser consecuencia del vaginismo.

ANSIEDAD

¿Podré mantener mi erección? ¿Cuánto podré durar? ¿Lograré satisfacer a mi pareja? ¿Mi pene es de buen tamaño? La ansiedad por miedo al mal desempeño puede afectar al desempeño mismo; vaya círculo vicioso.

A veces nos concentramos tanto en el interior de nuestra cabeza, que olvidamos "estar" en nuestros cuerpos y disfrutar la intimidad con otra persona. De ser posible, habla con tu pareja sobre tus miedos y preguntas; probablemente están pasando por algo similar.

"¿CÓMO SABER SI PUEDO HABLAR DE SEXO
SIN RESERVAS Y CON LIBERTAD?"

Encontrar apoyo

Cuando se trata de salud sexual, no siempre es fácil saber a quién recurrir. La timidez y la vergüenza pueden tener un impacto negativo en nuestra salud. Obtener la información correcta es vital. En la sección de recursos hallarás una serie de páginas de Internet que proporcionan información confiable. Puedes contactar a muchas organizaciones para hacer preguntas específicas de distintos temas. Las bibliotecas locales o universitarias son otra buena fuente a la cual acudir.

En ocasiones es necesario encontrar más información: puedes requerir asesoría, tratamiento médico o quizá simplemente quieras hablar con alguien que ponga tus pies en la tierra.

Las líneas de atención telefónica son una gran manera de encontrar apoyo sin exponerte demasiado. La desventaja: es imposible realizar pruebas y ver directamente qué está sucediendo, pero la conversación te puede ayudar a hacer las paces con la idea de recurrir a un experto en persona.

Para muchos hombres es difícil pedir ayuda: hay quienes lo consideran un signo de debilidad. En mi opinión, cuidar de tu salud y bienestar demuestra fuerza y voluntad, y es mucho mejor que luchar contra la negación.

LEER A LA GENTE

No todos se sienten cómodos hablando de sexo. Hay personas que se avergüenzan o creen que no se debe tratar el tema y podrían tener una amplia gama de reacciones, desde consejos útiles hasta comentarios dañinos. Si alguien reacciona de manera negativa, es su decisión: el hecho de que esa persona no pueda hablar libremente no significa que tú estés mal o seas raro. Existen muchas otras personas dispuestas a brindarte el apoyo que necesitas.

¿Cómo saber si puedes hablar con alguien o no, entonces? ¿En quién puedes confiar? ¿Qué hay de la gente cercana a ti: tus padres o tutores, amigos, miembros de la familia, maestros, entrenadores o instructores, líderes espirituales o tu doctor? ¿Qué actitudes tienen respecto al sexo y la sexualidad? ¿Puedes hablar con ellos?

Aprende a leer sus reacciones cuando pones asuntos de sexualidad en la mesa. No tienes que comenzar hablando de ti mismo; prueba con temas neutrales, como la educación sexual en tu escuela o un artículo del periódico; nunca faltan oportunidades. Puede ser un buen momento para aprender juntos.

Por lo general, los adultos quieren ofrecer su apoyo, pero muchas veces no saben cómo. Algunas investigaciones con padres de familia mostraron que 99% considera importante hablar con sus hijos sobre sexualidad y relaciones, pero 59% dijo enfrentarse a una serie de barreras, incluyendo problemas culturales, miedo y falta de confianza o de conocimiento (*Pathways and Barriers: Parent research project report*, SHine SA, 2004).

Si encuentras la persona adecuada para discutir de estas cosas, cuéntale a tus amigos: siempre es útil saber a quién recurrir.

ATENCIÓN PROFESIONAL

Si decides que prefieres consultar a un doctor o acudir a una clínica de salud sexual, ¿qué debes hacer? Algunas clínicas tienen un horario especial en el que te pueden atender, pero en la mayoría de los casos deberás hacer una cita. Quizá tengas que pagar o llevar la información de tu seguro de gastos médicos. Lo mejor es averiguar todo esto antes de hacer la cita.

Pedirle a alguien que te acompañe puede ser una buena idea. De preferencia, coméntalo con tus padres o tutores para que te muestren su apoyo, aunque no siempre es posible… ni fácil. En ocasiones, cuando estamos en una situación de estrés, olvidamos información vital. Antes de hacer la cita, escribe todos los temas que quieres abordar. Por lo general, no es necesario dar mucha información en la recepción; basta decir lo que necesitas, como pruebas para detectar ITS, o la asesoría y opinión de un experto.

Mucha gente opta por acudir a clínicas lejos de donde vive para no encontrarse a alguien conocido, pero prepárate, podría ocurrir. Una de las cosas más importantes que debes tener presente es que no estás haciendo nada malo ni vergonzoso, estás cuidando tu salud. El doctor o el personal de enfermería pueden registrar tu historial sexual (tus experiencias sexuales), pues deben saber qué tipo de sexo has tenido para hacer una evaluación certera de los factores de riesgo y proveer el servicio adecuado para ti. Por eso es muy importante decir la verdad.

PRUEBAS

La mayoría de las pruebas de embarazo se realizan a partir de una muestra de orina. Si tu novia o pareja acude al doctor para saber si está embarazada, probablemente aprecie tu apoyo. Un embarazo potencial puede generar muchos problemas en una relación.

Muchas ITS son detectables a simple vista o con una prueba de sangre u orina. Toma mucha agua e intenta aguantar las ganas de ir al baño hasta que estés en la clínica. En algunos países ciertas ITS son de notificación obligatoria, es decir, si la prueba es positiva, la clínica está obligada a notificar al departamento de salud pertinente. En estos casos pueden ofrecerte ayuda para notificar a tus parejas anteriores o contactarlas por ti. No pueden dar tu nombre, pero se asegurarán de que todas tus parejas sepan que pudieron estar expuestas a una infección y les sugieren una revisión médica. Esto es muy importante para prevenir la propagación de la enfermedad.

OBTENER LOS RESULTADOS

Pensar de antemano los posibles resultados es muy importante para estar consciente de todas tus opciones. ¿Cómo impactaría tu vida? ¿Qué tipo de apoyo está disponible? Tu doctor o el personal de enfermería pueden hablar contigo acerca de estos temas. Si no lo hacen, pide más información.

Las pruebas de embarazo suelen dar resultados en pocos minutos, pero las ITS tardan hasta una semana. El periodo de ventana (el tiempo que una enfermedad tarda en aparecer en tu sangre) del VIH puede ser de tres a seis meses. Estos momentos son estresantes para cualquier relación, así que contar con el apoyo de tu pareja puede representar un gran alivio.

La mayoría de los servicios incluyen una segunda cita para recibir los resultados de las pruebas de ITS, asegurar la confidencialidad y ofrecer tratamiento o apoyo.

TERAPIA

Existen muchos tipos de terapeutas y todos tienen sus métodos de trabajo. Sin embargo, es normal tener expectativas generales. Espera ser tratado con respeto y sentirte seguro. Espera que la persona que te está escuchando te crea. Si un consejero o terapeuta no hace esto, busca a alguien más. Con frecuencia cuando la gente tiene una experiencia negativa con la terapia, dice: "Lo intenté, pero no me gustó y lo dejé". Al igual que con cualquier otro servicio, sigue buscando hasta hallar la asesoría correcta para ti.

Otra queja común sobre la terapia es la decepción de no ver resultados después de un par de sesiones. Es como ir al gimnasio: no puedes ir una o dos veces y esperar grandes músculos. Por lo general, hacer cambios en tu vida requiere mucha dedicación.

En ocasiones la lista de espera para obtener una cita con consejeros o asesores es muy larga, y cuando por fin llega el día, el asunto particular por el que la persona necesitaba consejo ya está superado. Te sugiero ir a tu cita y discutir lo sucedido, cómo lo superaste y de qué maneras encontraste ayuda en ti mismo. No tiene nada de malo llegar contento a una sesión de terapia: ¡también es muy importante poner atención cuando las cosas marchan bien!

¿De qué lado estás?

Cuando las cosas se ponen difíciles, ser comprensivo contigo mismo es lo más importante. Muchísimas personas podrían empeorar la situación, ¿por qué ayudarlas?

PREGUNTAS DIFÍCILES

P   ¿Cómo puedo dejar de ser violento?

R   Antes que nada, el hecho de hacer esta pregunta significa que vas por buen camino. Muchas personas no piensan en la violencia de su vida porque ni siquiera la reconocen; son "cosas que pasan". ¿Por qué te molestarías en cambiar algo que consideras normal?

La violencia no sólo afecta tu salud, tu confianza y bienestar, también influye en la gente a tu alrededor: tus seres queridos. Además, destruye relaciones.

Obtener información es esencial. Hay mucha gente dispuesta a proporcionar apoyo a quienes se encuentran involucrados en un círculo de violencia. Los centros de atención para la denuncia de violencia doméstica, así como los centros juveniles y de salud, son buenos puntos de arranque.

La conciencia corporal es una herramienta muy poderosa para identificar qué cosas detonan la violencia (qué te vuelve violento) y los signos de alerta (comportamientos que indican aumento en el estrés: enrojecimiento de la piel, respiración lenta, dolor de cabeza, etcétera). Evita los detonantes tanto como sea posible e intenta desarrollar habilidades para lidiar con la frustración sin involucrar la violencia. Todo esto es parte de una vida sin violencia.

Encontrar maneras de sentirse empoderado dentro de una relación puede ser muy importante, pero nunca deben involucrar violencia o tácticas de poder agresivas. Este balance requiere tiempo y dedicación; ¿cómo sentirse empoderado en una relación sin robarle poder a la pareja? Romper el ciclo de la violencia es un reto, pero vivir sin la amenaza constante de la violencia definitivamente vale la pena.

P Desde que tomo medicamentos, no puedo venirme. ¿Cómo hablar de placer sexual con mi doctor?

R Los médicos cada vez están más conscientes de que las funciones sexuales son tan (o incluso más) importantes para sus pacientes como su salud mental. Muchas veces he escuchado de personas que deciden interrumpir su tratamiento para recuperar la capacidad de disfrutar el sexo. Una buena manera de sacar el tema es hablar del placer en relación con la salud y el bienestar. De este modo, podrás discutir tus necesidades con tu doctor, pues tanto el placer como la expresión sexual son fundamentales para la salud integral.

Recuerda que los médicos están ahí para ayudarte. Si crees que no estás recibiendo buena atención, busca a alguien que te pueda proporcionar el nivel de cuidado que requieres. Existen muchísimos medicamentos en el mercado, y algunos tienen un mayor impacto en el sexo y en la sexualidad que otros. Puedes pedirle a tu doctor que te ayude a encontrar el adecuado para ti. Es muy importante consultar a los expertos antes de hacer cambios en tu tratamiento.

P Mi pareja está considerando el aborto, ¿qué puedo hacer para apoyarla?

R Pregúntale qué puedes hacer. Discutir la perspectiva de cada uno ante la interrupción del embarazo es importante, pero lo más importante es asumir que se trata de su cuerpo: ella es quien tomará el riesgo y quien tiene la última palabra en el asunto. Esto puede ser muy difícil si quieres seguir adelante con el embarazo. Sólo recuerda que las mujeres nunca se toman una decisión de este tipo a la ligera. Esta situación puede ser aterradora para ellas, así que tu apoyo es esencial. Quizá quiera que la acompañes a las citas previas o al procedimiento. También podría preferir la compañía de una amiga o ir sola. Tal vez quiera hablar de ello u olvidarlo para siempre. Podría necesitarte a su lado o requerir algo de espacio. Mantén las líneas de comunicación abiertas para poder estar al tanto de los sucesos en la vida de cada uno. Lo más probable es que ambos necesiten apoyo. Nuestra forma de mostrar cariño y preocupación en un momento tan difícil a veces fortalece las relaciones.

No olvides mencionar tus problemas. Quizá tú también te beneficiarías de la asesoría profesional.

El sentimiento de alivio, tristeza, culpa y duda respecto a la decisión es muy común. Conforme pasa el tiempo, muchas parejas sienten más alivio y menos tristeza, pero como en cualquier otra situación de duelo o pérdida, muchas personas no lo pueden superar. Si sus patrones de sueño y alimentación cambian de manera dramática, puede ser un signo de que requieren más atención profesional. En algunos casos existe una ligera presión hacia las parejas para "superarlo", lo cual no sólo es duro, sino también poco factible. Estamos hablando de decisiones que cambian la vida y tienen consecuencias de gran impacto a largo plazo. Muchas clínicas para la interrupción del embarazo también proporcionan asesorías continuas y extensivas.

Capítulo 8

El futuro

"¿El futuro? No sé... si quieres un futuro, cuídate hoy y usa la capucha [condón]."

"Tal vez no disfrutes tu relación actual, pero puedes comenzar a planear tus relaciones futuras. ¿Cómo quieres que sean? Depende de ti."

Cuidar de tu salud, cuidar de tu fertilidad

Cuidar de tu salud es cosa de toda la vida. Mucha gente dice: "Prefiero vivir bien que vivir mucho". ¡Qué tontería! Yo quiero vivir mucho y bien. La mayoría de los dramas de la salud sexual entre chicos están relacionados con factores de estilo de vida. Cómo vivimos nuestra vida puede afectar nuestra vida sexual. Tener hijos puede parecer poca cosa en este momento, pero en algunos años podrías cambiar de opinión. Cuidar hoy de tu fertilidad puede prevenir un corazón roto o un sinnúmero de procedimientos costosos en el futuro.

Hechos de la fertilidad para hombres

La calidad y cantidad de semen comienza a disminuir a los 35 años. Este decaimiento se ve afectado por el estilo de vida. Las malas decisiones de estilo de vida incluyen consumo de alcohol, drogas y tabaco, así como el aumento de peso. Éstas pueden tener las siguientes consecuencias:

» Reducción en la fertilidad
» Disminución de la calidad de los espermas
» Incremento del índice de aborto espontáneo
» Incremento de anomalías congénitas
» Riesgos en la salud del bebé

Además, algunas ITS pueden causar infertilidad si no son tratadas a tiempo. ¿Cómo puedes proteger tu fertilidad?

PRACTICA EL SEXO MÁS SEGURO QUE PUEDAS

Tener sexo seguro previene las ITS. Acude al doctor con cierta regularidad para asegurarte de detectar a tiempo las ITS.

BUENA SALUD

Algunas personas dicen que una buena salud es lo más sexy en una persona. Una dieta sana y equilibrada es un buen comienzo, así como hacer ejercicio con regularidad. Cuidar tu cuerpo no sólo es bueno para tu vida general, también mejora tu vida sexual y ayuda a mantener la fertilidad. Tomar decisiones saludables es bueno para ti en el presente, pero también tendrá impactos positivos en tu futuro.

MÁS RAZONES PARA NO FUMAR

Fumar no sólo dificulta las erecciones, también cambia la forma de tus espermatozoides y afecta su forma de nadar. Si no te parece suficiente, el humo del cigarro apesta horrible.

La marihuana afecta la presión sanguínea y el desarrollo de los espermatozoides de manera similar. Si quieres ayuda para dejar de fumar, acude o llama al Centro de Integración Juvenil más cercano.

ROPA INTERIOR

Algunas personas dicen que utilizar bóxers de algodón en lugar de trusa ayuda a mantener los testículos más frescos, lo cual reduce el estrés producido por el calor. Sin embargo, los resultados de los estudios no lo han comprobado por completo. Aun así, evitar el exceso de calor en los testículos puede ser un buen consejo, ya que por eso cuelgan en el escroto fuera del abdomen: necesitan del aire para regular su temperatura.

CUIDA TUS PELOTAS

Si vas a jugar un deporte en el que exista la posibilidad de daño testicular, utiliza equipo de protección. En caso de que te golpeen, acude al doctor para una revisión. A veces los testículos se tuercen, por lo cual es muy importante buscar atención médica de inmediato: el flujo de sangre podría interrumpirse y está la posibilidad de perder un testículo o ambos.

Si estás a punto de iniciar un tratamiento médico o terapia (por ejemplo, quimioterapia) que pueda afectar tu fertilidad, tienes la opción de almacenar tu semen. Los doctores a cargo te pueden recomendar una clínica reproductiva para obtener más información al respecto.

"¿QUÉ COSAS HAGO PARA CUIDAR MI SALUD?"

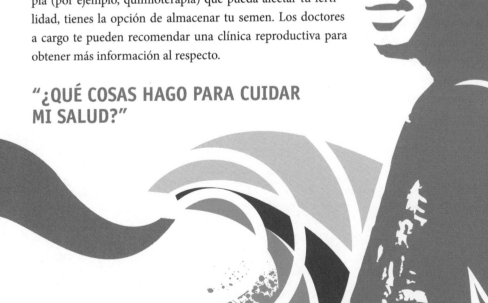

Aprender toda la vida

Bueno, ya leíste este libro, ¿ahora qué? Además del lado práctico de las cosas (hacerlas), hay mucha información disponible. Puedes pasar toda tu vida estudiando el sexo y la sexualidad. Hay, literalmente, miles de años de sexualidad para explorar.

Quizá te interesen tus propias actitudes culturales o religiosas relativas al sexo y a la sexualidad, o encontrar su origen a través de la historia. Tal vez prefieras aprender más del sexo en sí mismo. Ve a la biblioteca o utiliza Internet para complementar tu conocimiento. Aquí hay una lista de temas que pueden ser de tu interés:

» *Kama Sutra*: Asegúrate de consultar la versión que incluye comentarios que explican qué está pasando.
» *Ananga Ranga*: Otro texto creado para hacer tu vida sexual más interesante.
» *Dào Dé Jing*: Una parte de este libro está dedicada al tao y el sexo. Los taoístas creen que el buen sexo puede curar muchos problemas de salud.
» Sexo tántrico: "Tantra" literalmente significa extender. El sexo tántrico explora cómo extender nuestro entendimiento y dilatar nuestra experiencia sexual.

Las decisiones que tomes hoy pueden afectarte más tarde. Tener metas sobre cómo quieres vivir el resto de tu vida es muy bueno. Piensa las siguientes cuestiones:

» ¿Qué tipo de hombre quieres ser?
» ¿Qué tipo de relaciones deseas?
» ¿Anhelas una vida sexual larga y feliz?
» ¿Cómo tratas y tratarás a tus parejas?
» ¿Cómo esperas ser tratado?
» ¿Qué tipo de reputación sexual quieres? Esto es particularmente importante si vives en un ambiente pequeño donde todo mundo se conoce.
» ¿Qué tipo de mensajes quieres transmitir a tus hijos? ¿Te gustaría que sintieran vergüenza, miedo y culpa, o preferirías que disfruten su vida sexual?
» ¿Cómo te puedes asegurar de no tener sexo del que te arrepientas?

PREGUNTAS DIFÍCILES

P   ¿Qué debo tener en mi caja de herramientas sexual?

R   Tener a la mano una serie de herramientas prácticas para el sexo es esencial. No olvides incluir:

» Condones, y muchos.
» Lubricante a base de agua.
» Guantes.
» Barreras, diques.
» Si tu pareja utiliza la píldora anticonceptiva, guarda un paquete por si se le olvidan las suyas.
» Quizá no está de más tener anticonceptivos de emergencia (recuerda que son sólo para emergencias).
» Teléfono de la clínica de salud sexual más cercana.
» ¡El Kama Sutra, por supuesto!
» Mente abierta.
» Sentido del humor.
» Actitud positiva ante el sexo.
» Orgullo.
» Valentía.
» Honestidad.
» Cariño y compasión.

LA ÚLTIMA PALABRA

Me pareció buena idea dejarle la última palabra a uno de los chicos que entrevisté:

**"El sexo es algo tan sano y tan terapéutico;
¡qué gran manera de celebrar la vida!"**

Aprende más

LIBROS GENIALES

Baker, Jo-Anne,
Sex Tips: Advice from women experts from around the world,
Allen & Unwin, Crows Nest, 1999

--------,
Riding the Sexual Frontier: All you ever wanted to know about men and sex,
Harper Collins Publishers, 2002

Cattrall, Kim y Mark Levinson,
Satisfaction: The art of the female orgasm,
Thorsons, un sello de Harper Collins Publishers, 2002

De Costa, Caroline y Michele Moore,
Dick: A guide to the penis for men and women,
Allen & Unwin, Crows Nest, 2003

Lee Carter, William,
'It Happened to Me': A teen's guide to overcoming sexual abuse,
New Harbinger Publications, 2002

Lorius, Cassandra,
Tantric Sex: Making love last,
Thorsons, un sello de Harper Collins Publishers, 1999

Morrissey, Gabrielle,
Urge,
Harper Collins Publishers, 2002

Price, Geoff,
Puberty Boy,
Allen & Unwin, Crows Nest, 2005

Stewart, Elizabeth (Dr.) y Paula Spencer,
The V Book: Vital facts about the vulva, vestibule, vagina and more,
Piatkus Publishers, 2002

Vargas, Gaby y Yordi Rosado,
Quiúbole con… para hombres,
Aguilar, 2006

Villegas, María y Jenny Kent,
Fuera de control,
Montena, 2013

SITIOS

Internet contiene mucha información útil, pero no creas todo lo que lees. También existen sitios poco confiables. A continuación encontrarás algunos que pueden resultarte útiles; muchos son australianos, pero la información que aportan es muy valiosa.

Aborto/interrupción del embarazo

http://abortar-mexico.mx
Abortar México es un sitio en el que podrás encontrar la información correspondiente al aborto en México. Recuerda que la legalidad del aborto depende del país o estado en el que te encuentres.

Imagen corporal

www.adiosbarbie.com
La misión de 'Adiós, Barbie' es promover un yo y una imagen corporal sanos para gente de todas las razas, culturas y tallas. Artículos geniales, humor, investigación y avisos sobre mitos.

www.completelygorgeous.com.au
El sitio de Kaz Cooke estudia una gama de problemas sobre la imagen corporal –incluso hay una sección sobre el tamaño del pene. Mucha de la información sobre la imagen corporal está enfocada a la mujer, pero hay mucha evidencia de que a los chicos también les afecta la imagen corporal.

Fertilidad

www.thinkfertility.com.au

Tener un bebé puede no ser tan importante para ti ahora, pero puede ser una buena idea investigar sobre tu fertilidad (tu habilidad para tener un bebé) para que después puedas tomar una decisión en tu vida. Este sitio tiene mucha información útil para hombres, mujeres y parejas que quieren aprender más sobre planear un embarazo y proteger su fertilidad.

VIH/SIDA

www.afao.org.au

Cada estado en Australia tiene un Consejo sobre el Sida, pero la Federación Australiana de Organizaciones del Sida (AFAO, sigla en inglés) es la máxima organización. Puedes obtener enlaces locales en este sitio, pero también tiene muy buena información sobre prevención del VIH, leyes y sobre vivir bien con VIH.

Asuntos de intersexualidad y transgénero

www.isna.org

El sitio de Intersex Society of North America (ISNA) tiene mucha información y enlaces para dar apoyo a individuos y sus familias. ISNA está dedicado a cambiar la forma en la que las personas que nacen con genitales que no son claramente masculinos o femeninos son tratadas por la comunidad médica y la sociedad en general.

www.gendercentre.org.au

El Centro de Género en Sidney provee servicios para personas con problemas de género, pero también cuenta con una gran gama de recursos que incluyen hojas informativas y revistas *Polare* –una buena lectura para quien esté interesado en saber más sobre temas trans.

Información legal

www.lawstuff.org.au

El Centro Nacional de los niños y la juventud ofrece mucho asesoramiento e información sobre tus derechos legales y responsabilidades, y no sólo sobre sexo.

Salud para hombres

www.xyonline.net

Este sitio lo tiene todo. Hay muchas oportunidades para involucrarse con hombres mujer-positivo y descubrir lo que otras personas están haciendo para hacer nuestra comunidad más segura para todos.

www.andrologyaustralia.org

Este sitio es un programa de educación comunitaria y profesional. Proporciona información de calidad sobre salud reproductiva masculina.

Salud mental

www.headspace.org.au

Sitio de salud mental positiva, y ofrece mucha información para gente joven de gente joven que estudia temas como el estrés, presión de grupo, conflictos de bullying, optimismo y relaciones. Checa sus panfletos —¡tienen de todo!

www.reachout.com.au

'Reachout' es un espacio para explorar temas importantes para tu salud mental y tu bienestar. Este sitio ofrece información, asesoría y desarrollo de aptitudes enfocadas a jóvenes.

www.moodgym.anu.edu.au

Un programa gratis de autoayuda para enseñar habilidades de terapia cognitiva de comportamiento para gente vulnerable a la depresión y la ansiedad.

Violencia doméstica y relaciones

http://www.inmujer.df.gob.mx/

El Instituto de la Mujer del Distrito Federal ofrece en su sitio mucha información sobre violencia en la familia y la pareja. Ahí encontrarás todo lo que necesitas para aprender a identificar y prevenir la violencia sexual y de pareja.

Atracción por personas del mismo sexo

Una gama de servicios para jóvenes que exploran su sexualidad.

www.yourbestlife.org.au/services/bfriend

'Bfriend' es un programa que ofrece apoyo a gente de todas las edades que se cuestiona sobre sexualidad e identidad de género o para gente que está comenzado a identificarse como atraída al mismo sexo/gay/lesbiana/bisexual/transgénero/intersexual o queer. Hay montones de historias útiles y enlaces.

www.rainbowfamilytree.com

Un sitio muy interactivo en el que narradores digitales queer, sus amigos y sus familias pueden subir su propia historia digital y ver la de otras personas.

Salud sexual

http://www.amssac.org/

La Asociación Mexicana para la Salud Sexual, A.C. es una asociación de profesionales dedicada a difundir la información sobre sexualidad y a apoyar a todo aquel que necesite guía o ayuda.

www.thehormonefactory.com

Otro sitio genial, revisa la sección 'What do you think?', en la cual puedes opinar sobre muchos temas de salud sexual.

Infecciones de trasmisión sexual (ITS)

http://www.cdc.gov/std/spanish/

Un sitio sin rodeos dirigido por Clinic 275 —sólo los temas sobre ITS— como qué son, cómo se transmiten, cuáles son sus síntomas, cómo son tratadas y cómo puedes protegerte.

Violencia sexual

http://www.inmujer.df.gob.mx/

Sexo tántrico

http://www.tuguiasexual.com/sexo-tantrico.php

En este sitio encontrarás mucha información para ampliar tus conocimientos sobre sexo y sexualidad, pero te advertimos que hay imágenes explícitas; otra advertencia: ten cuidado con la gente que quiera explotar tu curiosidad sexual.

Apoyo a la juventud

www.cyh.com

Este sitio tiene todo lo que necesitas saber para un cuerpo, mente y relaciones sanos.

www.somazone.com.au

Este sitio ofrece acceso rápido, gratis y anónimo a información de la salud —y tú mismo puedes compartir datos. Revisa la sección 'Tell your story'.

www.goaskalice.columbia.edu

Este sitio es dirigido por la Universidad de Columbia y tiene montones de información sobre la salud —desde *fitness* y nutrición, hasta salud emocional, dejar de fumar y sexualidad. Incluso puedes mandar tus propias preguntas— ¡pregúntale a Alice!

LA INFORMACIÓN DE ESTE LIBRO SE ENCUENTRA EN…

Giles, Graem, *et. al.*,
"Sexual factors and prostate cancer", en *British Journal of Urology*, vol. 92, pp. 211–16

Hillier, Lynne, Anne Mitchell y Alina Turner,
Writing Themselves in Again: 6 years on:
pp. 36–8, *The 2nd national report on the sexuality, health and well-being of same sex attracted young people in Australia*,
Australian Research Centre in Sex, Health and Society (ARCSHS), La Trobe University Melbourne, 2005

Kinsey, A.,
Sexual Behaviour in the Human Male,
Indiana University Press, Bloomington, USA, 1975

La Trobe University,
Australian study of health and relationships,
Central Sydney Area Health Service; and the national centres in HIV Social Research and HIV Epidemiology and Clinical Research, University of NSW, 2002

Morrissey, Gabrielle (Dr.),
Urge,
Harper Collins Publishers, 2002

Radican, Norman Dean,
"Men and sex and fear and intimacy", en *On the Level*, vol. 3, núm. 4

http://www3.interscience.wiley.com/cgi-bin/fulltext/118853726/PDFSTART

Recursos

Centro Nacional de Equidad de Género y Salud Reproductiva
http://www.cnegsr.gob.mx/index.php
Revista *Notiese*, salud sexualidad y sida
http://www.notiese.org/index.php
Centro de Integración Juvenil
http://www.cij.gob.mx/

Sexpectativas Ellas/Ellos, de Craig Murray y Leissa Pitts
se terminó de imprimir en septiembre de 2015
en los talleres de Editorial Impresora Apolo, S.A. de C.V.
Centeno 150-6, Col. Granjas Esmeralda,
C.P. 09810 México, D.F.

Sobre la autora

¿Por qué escribo sobre sexo para chicas? El sexo es una de las cosas más naturales en el mundo. También es uno de los temas más interesantes y fuertes de los que se puede hablar. El sexo es una gran parte de la evolución gradual de tu cuerpo y del crecimiento, y de la transformación de tu vida emocional y social hacia la adultez. Este tipo de cambios suelen ser difíciles de entender, pues suceden sin la ayuda de un manual.

Un poco de información puede llevarte muy lejos y marcar una gran diferencia en tu vida. Entender la realidad del sexo significa más oportunidades para elegir. Creo fervientemente que la gente joven tiene derecho a obtener la mejor información disponible. El conocimiento permite tomar decisiones importantes bien pensadas y de manera independiente. No importa de dónde seas, ni tu experiencia, educación o cultura: todos tenemos derecho a información completa y desde una perspectiva libre de juicios para poder construir una vida plena. El conocimiento relativo al sexo y a las relaciones es una de las herramientas más útiles que adquirirás, afinarás y pondrás en práctica a lo largo de tu vida.

Me dedico de manera profesional al trabajo social con familias y adolescentes; soy consejera, educadora y promotora de la salud sexual de las personas jóvenes y sus familias. He gestionado programas en Australia y en otros países con el fin de mejorar el acceso a los servicios de salud sexual e información para mujeres, hombres y gente joven. También realicé una maestría en esta área, lo cual me ha abierto muchas puertas.

Durante varios años he hablado de sexo y relaciones con personas de todo tipo y contexto, tanto mujeres como hombres: chicas y chicos en la escuela, adultos jóvenes, maestros y académicos, estudiantes de medicina, refugiados, migrantes. He tenido la fortuna de trabajar en el fascinante campo de la salud sexual y las relaciones, así como de apoyar a mucha gente profesional a hacer lo mismo.

Mi experiencia incluye el proceso de criar a una chica maravillosa y bella y guiarla hacia su vida adulta (el crédito es todo suyo, claro). Por supuesto, mientras crecía, también viví mis propias alegrías, preguntas y lecciones respecto al sexo y las relaciones. Mis amigos han vivido, amado, perdido y vuelto a amar; han evolucionado para convertirse en personas admirables, fuertes, valientes y saludables. Por ello, quisiera compartir contigo lo que he aprendido de las muchas chicas y mujeres que me han confiado sus experiencias.

Quiero agradecer a todas las maravillosas chicas que hablaron conmigo y me informaron cómo es el mundo para las mujeres en el siglo XXI. Todas las citas y frases son de mujeres reales que tienen más o menos la misma edad que tú. Por supuesto, ellas no representan a todas las chicas del mundo, pero su visión permite explorar estos temas desde distintas perspectivas.

Además, agradezco al equipo de *Sexpectativas*: Di, Liz, Christa (de Allen & Unwin) y al coautor de este libro, Craig, uno de los mejores defensores de la juventud que conozco. Gracias a Chris, mi pareja, quien todos los días me enseña qué es el amor; a mis amigos, que siempre me han ayudado a amar mejor, y a mi querida hermana Deanne, porque siempre estará en mi corazón sin importar dónde nos encontremos.

Espero que este libro sea una guía útil durante tu descubrimiento de la aventura de amar, vivir, disfrutar y tener la libertad de elegir. Este libro es para ti.

Introducción

Bienvenida a *Sexpectativas: Ellas.* Este libro fue escrito para ti: una chica con expectativas (o que no sabe muy bien qué esperar) sobre el sexo.

A pesar de todos los cambios sociales de los últimos años, el "sexo" aún genera muchos debates por todos los significados e ideas que rodean a esta simple palabra. Esto dificulta enormemente la tarea de adentrarse en todo lo que se puede saber sobre el sexo. La información a tu alrededor, así como tus actitudes y pensamientos sobre este tema, pueden determinar qué tan feliz te sientes respecto a tu vida sexual, qué tanto te aceptas a ti misma y cómo percibes la vida sexual de los demás. A lo largo de este libro notarás que decidimos plantear las cosas a través de lo que llamamos una "actitud positiva ante el sexo y la sexualidad", lo cual significa que consideramos al sexo una parte natural, saludable e importante de la vida en la que cada quien toma sus decisiones a partir de la mejor información disponible.

Saber de sexo es tan importante como aprender a manejar, aprobar los exámenes escolares o prepararte para la aventura de viajar a un lugar desconocido. No siempre hacemos estas cosas de manera automática. Los tres ejemplos anteriores requieren práctica y preparación. Además, en ocasiones, necesitamos consejos o guías para llegar a nuestra meta. Necesitas información imparcial y apropiada para tomar las decisiones correctas; ¡tu vida es preciosa y debes cuidarla! *Sexpectativas* está repleto de este tipo de información, la cual te ayudará a encontrar el sentido práctico del sexo.

Sobra decir que *Sexpectativas* habla de "tener sexo", pero el sexo no es nada más "hacerlo", aunque mucha gente así lo crea. Se trata de conocerte a ti misma como un ser sexual, incluyendo las emociones y experiencias que esto conlleva. Al igual que las relaciones, la comunicación, la amistad y el amor, el sexo es parte de la vida. ¡Por eso es una cosa tan poderosa! Para hacer que el sexo se adapte a tu vida, en términos de tu cuerpo, mente, sentimientos y relaciones, necesitas saber cómo funciona.

Sexpectativas fue escrito especialmente para ti, pues contiene respuestas reales a preguntas reales que quizá no puedas o no quieras hacerles a tus padres o maestros. Algunas chicas cuentan con el apoyo de sus maestras o amigas. Tus padres o tutores, una o dos de tus amigas, tu hermana o incluso un adulto cercano e importante para ti y en quien puedas confiar, pueden ser modelos a seguir o ejemplos para aprender a tomar las mejores decisiones.

Para hablar de sexo, *Sexpectativas* explora la relación más importante: la que tienes contigo misma. Ten en cuenta que el contenido de este libro fue pensado para darte una guía. No dejes de consultar a tu doctora, acudir a una clínica o recurrir a un adulto confiable para resolver algún problema. Pero sobre todo confía en tu cuerpo, confía en ti.

LEISSA PITTS

Capítulo 1

¿Qué es el sexo?

"Mucha gente habla de sexo, pero no todos los que hablan lo viven. Escuchamos muchas cosas, ¡pero con frecuencia sólo mienten o no saben de lo que hablan!"

"Las chicas se sienten presionadas para tener sexo y ser aceptadas."

"A veces las chicas sienten que no pueden ganar. Si una mujer quiere una relación amorosa pero no tener sexo de inmediato, el chico la puede tachar de frígida. No es justo."

AL IGUAL QUE LA BUENA COMIDA, el aire fresco y la atención física, el sexo es una parte esencial y natural de la vida. De hecho, el sexo está en todos lados, no importa hacia dónde voltees. Las flores lo hacen, las ballenas lo hacen, la gente lo hace. Es una manera de fortalecer una relación y disfrutar la intimidad. También es una fuente de placer y, en ocasiones, un gran método de relajación. A veces el sexo es para hacer bebés. Hay muchas razones tanto para "tener" sexo como para no tenerlo. Puedes relajarte, divertirte y estar en una relación amorosa y feliz sin tenerlo. Pero incluso si no lo haces, es parte innegable de tu vida diaria. Aunque está por doquier, tener sexo es una decisión que se toma paso a paso. Para algunas chicas, ocupa el primer lugar en su lista de "cosas por hacer"; para otras, ni siquiera figura. Lo más importante es que, cuando tengas sexo por primera vez, y a partir de ese momento, tus razones deben ser las correctas para ti. Exploraremos a fondo el tema de la primera vez más adelante… quédate con nosotros.

¿Por qué las personas tienen sexo?

Cuando alguien menciona la palabra "sexo", la mayoría cree que se refiere a la penetración o a tener relaciones sexuales. Sin embargo, ejercer la sexualidad puede incluir muchas actividades como abrazar, besar, acariciar, acurrucar y tocar. El acto sexual también involucra sentimientos de bienestar, excitación, lujuria, placer y alegría. El sexo es una experiencia placentera para todos tus sentidos físicos y emocionales. Esto último puede incluir un orgasmo o no, pero siempre implica estar en paz con tu cuerpo y tus emociones.

Tu yo sexual es una combinación de quién eres y cómo te sientes; no se reduce a lo que haces. De hecho, es posible entender tu sexualidad, ser y sentirte un ser sexual sin tener sexo. Aunque tener relaciones sexuales es, o será, un suceso importante en la totalidad de tu experiencia sexual, sólo es una parte. La exploración de tu identidad sexual, emociones, pensamientos y fantasías tiene tanto que ver (y en ocasiones incluso más) con tu ser sexual que tener sexo.

"¿CÓMO SE SIENTE TU CUERPO CUANDO ESTÁS FELIZ, TRISTE, ASUSTADA? ¿TE SIENTES SEGURA O EXCITADA? ¿TUS DISTINTAS EMOCIONES SE REFLEJAN EN TUS EXPRESIONES FACIALES, PIEL O MÚSCULOS? ¿TE SIENTES TENSA O RELAJADA?"

Las reacciones de tu cuerpo pueden servir como guía para identificar tus emociones. Conócelo a fondo y confía en él. Explorar tu propio placer y deseos sexuales es una gran manera de prepararte para cuando estés lista y decidas ejercer tu sexualidad. El espectro de emociones sexuales es tan amplio como los colores del arco iris. Por ejemplo, bailar o arreglarte para salir es una expresión de tu ser sexual; lo mismo sucede cuando te sientes atractiva o cuando estás admirando a un chico guapo. También puedes investigar a tu propio ser sexual de manera íntima y en un espacio seguro a través de la masturbación (hablaremos de esto más adelante). Puedes realizar esta exploración con una persona que te guste y en la que confíes lo suficiente como para hacerte sentir cómoda y feliz. Puedes tomarte de la mano, besarte, tocarte o simplemente estar cerca de alguien que enciende tu "luz interior" y te excite sexualmente (sí, también hablaremos más adelante de esto). Entonces, ejercer tu sexualidad es una parte positiva de la vida y una manera de reafirmarte como persona, pues te ayuda a definir quién eres, no importa si tienes sexo o no.

El sexo y el amor son una combinación natural, como la arena y el mar, la luna y las estrellas, el aire fresco y la calidez del sol. Hay pocas cosas más poderosas e increíbles que la unión del sexo y el amor: cuando dos personas comparten mucha intimidad emocional y confianza, se sienten seguras la una con la otra, y se entregan al placer físico. Sin embargo, es muy fácil confundir el sexo con el amor y viceversa. No siempre son la misma cosa. Puedes ver la luna sin estrellas o tocar la arena sin estar en el mar. Puedes tener sexo sin amor y ciertamente puedes tener amor sin sexo.

Algunas chicas creen que están enamoradas o esperan que se enamoren de ellas porque tuvieron sexo con alguien. Las relaciones amorosas muchas veces evolucionan después de tener relaciones o compartir intimidad sexual. Sin embargo, no siempre sucede, incluso si una chica está convencida de desearlo en ese momento.

"¿CÓMO ES MI PERSPECTIVA Y CUÁLES SON MIS CREENCIAS RESPECTO AL SEXO Y AL AMOR?"

Algunas chicas me han dicho que tuvieron sexo por primera vez no porque quisieran hacerlo, sino porque deseaban el amor de un chico, querían satisfacerlo o hacer que les diera su aprobación. El sexo no siempre conduce al amor y no necesariamente implica la aprobación del otro. Esto es suficiente para decepcionar y enfurecer a cualquiera, pues la decisión no fue tomada a partir de razones que las hicieran sentir seguras, fuertes y valoradas. Otras chicas me contaron que su primera vez fue una experiencia feliz porque se sentían listas física y emocionalmente.

Muchas describen su primera vez como decepcionante porque su fantasía no se cumplió. ¡Escuchamos tantas cosas sobre el tema! ¿Dónde están los fuegos artificiales? ¿Qué pasó con el orgasmo? ¿Por qué no llegó esa increíble descarga de placer que me prometieron desde la primera vez? Después de todas las expectativas construidas a partir de los comentarios entre amigas, la televisión y las revistas, es muy común que las chicas digan cosas como:

"No fue como pensé que sería."

"No fue la gran cosa, pero por lo menos esperaba más."

"Lo hicimos con muchísima prisa. Después me pregunté, ¿por qué lo hice?"

Tal vez no estaban tan listas como pensaban. Estar cómoda con tu cuerpo y con la intimidad de los actos sexuales requiere mucha práctica. Conocer tu cuerpo y tu corazón, además del cuerpo y corazón de tu pareja, toma tiempo.

Pista: Practica sola con tu cuerpo antes de estar con alguien más; de este modo conocerás tus reacciones y respuestas corporales de antemano. Aprende todo lo que puedas sobre tu cuerpo, mente y cómo mantenerte segura y saludable antes de dar el salto. Para saber más, lee la sección *Sexpectativas: Ellos*. Mientras más sepas, más capacitada estarás para tomar decisiones. No es mentira: el conocimiento es poder.

"¿CÓMO ME SIENTO SOBRE MI PRIMERA EXPERIENCIA SEXUAL? ¿QUÉ QUIERO SENTIR? ¿CUÁLES SON MIS EXPECTATIVAS?"

Las reglas del juego

El sexo confunde a la gente si no se posee la información adecuada. Esto puede sucederte si recibes muchos mensajes contradictorios o estás rodeada de personas que se niegan a responder honestamente tus preguntas sobre sexo. Hay muchas reglas alrededor del sexo, lo cual puede ser muy confuso, pero muchas de ellas existen para tu protección. El sexo puede ser utilizado de maneras poco saludables e incluso dañinas para las chicas. En ocasiones experimentamos cosas que no queremos o esperamos, o quizá no estamos listas para ellas. Una cosa es segura: si alguien te obliga o presiona para tener sexo, no es sexo; es abuso y es ilegal.

Existen varias leyes relativas al sexo o contacto físico no deseado o consensual. Éstas varían según el país y la región. Te presentamos las más comunes:

» Por lo general hay una edad mínima para tener sexo, dar tu consentimiento y realizar cualquier actividad sexual legalmente, e incluso para presenciar actos sexuales.

» Todo acto sexual o contacto físico no deseado, o llevado a cabo sin tu consentimiento, siempre es ilegal.

» El sexo se refiere tanto a la penetración, como al contacto de ciertas partes del cuerpo, como vagina, boca o ano (o tu trasero) y senos. También se incluye el uso de objetos para tocar a otra persona.

» La ley establece que los adultos responsables del cuidado de una persona (tutores) no pueden tener ningún tipo de contacto sexual con ella durante su infancia o adolescencia.

Investiga las leyes de tu país y región. Por ejemplo:

» En varios países de Latinoamérica, como Colombia, Chile y Brasil, la edad mínima de consentimiento es 14 años. En otros países, como México, la edad de consentimiento varía entre los 12 y 15 años, según el estado o entidad federativa.
» En México la edad mínima de consentimiento para llevar a cabo procedimientos médicos es de 18 años. Antes de esta edad, los padres o tutores tienen que dar el visto bueno para cualquier intervención médica en los menores de edad.
» No hay edad mínima para tener acceso a condones y lubricantes.
» Puedes adquirir anticonceptivos de emergencia sin receta en muchas farmacias, pero procura llamar a una línea de atención o consultar a tu médico antes de tomarlos. Debes estar segura de que no estás embarazada y que entiendes las implicaciones del tratamiento.
» Puedes casarte sin permiso de tus padres o tutores a partir de los 18 años. En algunos países te puedes casar a los 17 años (o incluso antes) si cuentas con la autorización de un juez, de tus padres o tutores.

No importa dónde vivas, siempre tendrás derecho a:

» Estar informada, recibir consejos y asesoría sobre sexo, reproducción y protección.
» Relaciones respetuosas y seguras.
» Saber si alguien tiene una infección de transmisión sexual, antes de tener relaciones (consulta el capítulo 6: "Sexo, pero más seguro").
» Decir que sí y tener sexo consensual y legal (dependiendo de tu edad).
» Decir que no. En cualquier lugar y en cualquier momento.
» Recibir tratamiento y consultas confidenciales en caso de que necesites atención médica.
» No ser discriminada por ninguna razón.
» Que nadie abuse de ti, te maltrate o acose.
» Buscar apoyo y ayuda.
» Quejarte cuando alguien te maltrata (no importa si se trata de doctores, maestros u otra figura de autoridad).
» Cambiar de opinión. Eres libre de tomar una decisión y, si te das cuenta de que no es lo que querías, cambiar de parecer. Esto incluye besar a alguien, tomar anticonceptivos (o no), entre otras cosas.

¿Cómo se aprende de sexo?

¿Te acuerdas de tu primera clase de educación sexual? Recuerdo que yo estaba en una escuela exclusivamente para mujeres y teníamos que sentarnos con nuestras mamás y ver un video sobre la reproducción y la menstruación. No recuerdo cómo se llamaba, sólo que estaba ahí sentada junto a mi mamá. Ella esperaba que en la escuela nos educaran respecto a esos temas, pero tenían otros planes. Por fortuna, tuve una educación sexual muy completa gracias a nuestra maestra de deportes, quien con su uniforme de *netball*, zapatos deportivos y una actitud franca, nos enseñó las cosas más básicas. Siempre utilizaba el humor y un lenguaje directo para hablar de estos temas y, además, era muy fácil acercarse a ella. Creo que corrimos con mucha suerte de haber contado con una maestra tan fantástica, pero definitivamente mi grupo forma parte de una minoría.

La educación sexual en las escuelas a veces se limita a la reproducción, la higiene, las enfermedades y la función de las hormonas. El hecho de que algunas personas se gradúen sin más conocimientos sobre sexo y cómo construir relaciones que los adquiridos durante la prepa es muy triste.

"¿QUÉ TE ENSEÑARON EN LA ESCUELA SOBRE SEXO Y RELACIONES? ¿EN ALGÚN MOMENTO HAN DISCUTIDO SUS CREENCIAS RESPECTO AL SEXO? ¿CUÁLES SON TUS CREENCIAS AHORA?"

Hoy en día las chicas se sienten muy presionadas para hablar y saber de sexo, e incluso practicarlo, mucho antes de estar listas. Varias chicas me han contado su experiencia con lo que llaman un "doble filo": cuando de sexo se trata, las mujeres siempre pierden. Por un lado les dicen que deben tener sexo, pero cuando lo hacen las llaman zorras; por el otro, si deciden no hacerlo, las tachan de frígidas o de ser un iceberg viviente. La presión para comportarse de cierto modo puede confundir y estresar profundamente a cualquiera. Considera los siguientes escenarios:

» Los medios: "¡Si tu aspecto es sexy podrás tener todo lo que quieras!".
» Padres y tutores: "Creo que llegó el momento de hablar de sexo"; "nunca bajo mi techo"; "si lo haces te corremos".
» Maestros: "Sólo podemos tocar el tema en la clase de desarrollo humano o de biología"; "¡no puedo ni pensar que estos asuntos se vuelvan una materia escolar!".
» Chicos: "Si no lo haces eres frígida"; "si me amas me vas a esperar".
» Otras chicas: "Es una zorra"; "es frígida"; "es una habladora, pero nunca hace nada"; "¿por qué habla tanto de eso?"

Existen muy buenas maestras, padres, tutores, chicos y amigas que son honestos y comprensivos (¡qué alivio!). Sin embargo, con frecuencia recibimos mensajes que, sin exagerar, son contradictorios, confusos y estresantes. Es muy difícil proyectar tranquilidad y confianza al tomar decisiones cuando no contamos con la información completa. A esto hay que sumar la inmensa cantidad de comentarios de personas cuya visión no siempre es de mucha ayuda o, en el peor de los casos, está llena de prejuicios o promueve una perspectiva de blanco y negro. Muy pocas cosas en la vida son una sola cosa o su extremo opuesto. Así que respira profundo y procura escucharte a ti misma antes de decidir, pues debes asegurarte de que lo que quieres corresponde con lo que sabes. Acepta la ayuda de las personas que te quieren y en quienes confías. Recuerda que antes de tomar una decisión, debes escuchar a tus padres, maestros o tutores.

"¿DÓNDE PUEDO ENCONTRAR IDEAS POSITIVAS
Y ÚTILES SOBRE SEXO Y SEXUALIDAD?
¿DE DÓNDE SALEN LOS PENSAMIENTOS NEGATIVOS?
¿CÓMO INFLUYEN EN MIS PROPIAS IDEAS
SOBRE MI YO SEXUAL?"

¿Qué creemos que es el sexo?

Las chicas con las que he hablado dicen que el sexo es:

"Ese sentimiento cálido que nos da cuando estamos físicamente cerca de alguien."

"Cuando estás caliente."

"Tener una experiencia sexual con alguien que te prende."

"Eso que los chicos quieren la mayoría del tiempo."

Podríamos clavarnos muchísimo con lo que creemos que el sexo debería significar para las chicas (y para los chicos también, de hecho). El sexo es maravilloso y emocionante. Es parte de la intimidad y, con el tiempo, involucra experiencias muy profundas que suceden a través de tu *yo físico y emocional*. El sexo es intimidad, placer y disfrute, pero, sobre todo, es estar lista para todo lo que implica. Puedes sentirte sensual y excitada con tu imaginación, las historias que lees o ciertas películas. Las chicas suelen tener sentimientos sexuales y fantasías eróticas maravillosas, las cuales forman parte natural del desarrollo y entendimiento de las emociones relativas al sexo.

Las fronteras del sexo también pueden ser borrosas y confusas y esto puede afectar cómo te sientes o qué piensas respecto al sexo. Esto te podría suceder si te atrae alguien que está fuera de tu línea de experiencia, como un maestro de la escuela o el amigo de tu hermano mayor. También te puede pasar si te atrae alguien que en realidad no conoces y terminas sintiendo una combinación de atracción, confusión y desconcierto. Uno de los ejemplos más importantes en este momento es a través de Internet: quizá sientas ligera atracción por una persona, pero en realidad no sabes quién es. También es común en lugares públicos en los que un desconocido se puede acercar a ti, tocarte y decir algo halagador. Sabes que estás experimentando un momento sexual, pero no puedes estar segura de lo que sucede. Quizá seas parte de un grupo de amigas, o escuches con frecuencia a una bola de chicos, que habla de sexo en público; pero no es fácil entender qué significan estas situaciones para ti en términos individuales. Quizá te sientes poderosa e impotente al mismo tiempo. Saber cómo responder es muy importante para determinar qué quieres (y qué no quieres) o necesitas como persona.

Quizás a veces te sientes feliz y de pronto, sin saber por qué, estás triste. Con frecuencia estos cambios te hacen sentir como si tus hormonas sexuales se hubieran apoderado de tu vida. Los cambios de tu cuerpo son naturales y, aunque ahora probablemente parezca ir demasiado rápido, en algún momento se volverá más estable y con el paso del tiempo aprenderás a reconocer estas reacciones como tuyas.

Mucha gente utiliza el sexo como moneda emocional. Algunas chicas creen que si tienen sexo serán capaces de mantener a la otra persona a su lado. Sin embargo, el amor verdadero no se adquiere por medio de un intercambio sexual; ésta no es una manera saludable de experimentar el amor y el sexo. Una vez que aprendas a amarte y respetarte a ti misma por ser como eres, podrás construir la confianza necesaria para involucrarte con otros. El sexo ocurrirá cuando te sientas segura, preparada, feliz y lista.

La publicidad sexualmente explícita está en todos lados y les dice a las chicas cómo vivir su sexualidad. Es una herramienta de mercadotecnia, y un anuncio sexual "retocado" es una mentira que vende. Están diseñados para atraer tu atención y hacerte desear lo que intentan vender.

"¿CÓMO ME SIENTO Y QUÉ PIENSO CUANDO VEO PUBLICIDAD O VIDEOS MUSICALES SEXUALMENTE EXPLÍCITOS? ¿CÓMO ME HACEN SENTIR RESPECTO AL SEXO Y MI CUERPO? ¿QUÉ IMÁGENES APARECEN EN MI CABEZA CUANDO ME SIENTO BIEN CONMIGO MISMA? ¿DE DÓNDE SALEN ESAS IMÁGENES?"

Ver anuncios o videos musicales semipornográficos puede hacerte sentir sexy, un sentimiento maravilloso, excitante y natural. Sentirse sexy es genial, pero los anuncios pensados para vender estas emociones están construidos específicamente para hacerte gastar dinero y venderte una idea falsa de lo que debes hacer para ser querida y aceptada. Los comerciales sexualmente explícitos están pensados para que te sientas mal (y luego bien gracias al producto de la publicidad) y te sugieren aspirar a una imagen o idea fabricada por la tecnología sobre qué es ser mujer. Las imágenes que vemos no son reales. Es divertido mirar y burlarse de este tipo de publicidad, siempre y cuando entiendas que verla no significa que vas a comprar lo que te quieren vender.

La verdad sobre la pornografía

Con frecuencia escuchamos cosas sobre la pornografía, aunque no siempre sabemos qué es. La definición más aceptada es que consiste en textos, imágenes o videos sin valor artístico más allá de la simulación de deseo sexual o excitación. Hay un gran debate alrededor de las fronteras que la separan de la expresión artística y el límite en el que el arte erótico se convierte en pornográfico. Algunas de las obras de arte más antiguas tienen alguna connotación o interpretación sexual. Esto significa que la expresión humana ha involucrado ideas sexuales desde sus primeras expresiones artísticas. Si las imágenes fueron producidas con intenciones eróticas o pornográficas, entonces se pueden entender en el contexto del tiempo y la sociedad en las que fueron creadas. El feminismo y el liberalismo tienen visiones encontradas y al mismo tiempo similares sobre los distintos argumentos alrededor de la pornografía. El debate es muy acalorado y existe poco consenso sobre su valor o utilidad en relación con el sexo.

Dicho esto, hoy en día contamos con nuestros propios estándares sociales y culturales para definir qué es aceptable y qué no. Con esto no quiero decir que el porno esté bien o mal en sí mismo, sino que debemos tomar decisiones propias e informadas y entender las reglas sociales que rodean a la pornografía e imágenes sexuales dentro de nuestro contexto específico. Existe muchísima pornografía mala y es muy fácil tener acceso a ella gracias a Internet. Para eso están las leyes. Si tienes acceso a cierto tipo de imágenes pornográficas debes hacer un poco de análisis y preguntarte: ¿Esta pornografía muestra a una persona siendo tratada como un objeto? ¿Rompe alguna de las reglas del consentimiento? ¿Parece que las mujeres están genuinamente de acuerdo con lo que está sucediendo? En pocas palabras, toda la pornografía que invo- lucre o muestre actividades sexuales con una persona que no ha dado su consenti- miento no está bien. El porno con animales o personas menores de edad es ilegal, abusivo y definitivamente malo.

naughty

"¿QUÉ PENSAMIENTOS NEGATIVOS TENGO SOBRE MI CUERPO Y CÓMO O POR QUÉ SURGIERON? ¿QUÉ PENSAMIENTOS POSITIVOS TENGO SOBRE MI CUERPO?"

Muchas veces el porno genera confusión alrededor de lo que se considera sexo natural o normal: el sexo que tenemos, sin tomas extra y sin edición. Puede hacer creer a las chicas que el único buen sexo es el de la pornografía y, en consecuencia, asumen que el único ideal aceptable de mujer es el de la estrella porno (y se equivocan). La realidad es que el sexo de la pornografía no es sexo, está fabricado en un estudio a partir de fotografía, dirección, iluminación profesional, horas y horas de tomas, mal aliento, pedos, olores fétidos, gemidos falsos, urticaria, maquillaje para cubrir esa urticaria, falta de excitación sexual y mucha, mucha edición. Con frecuencia se dice que el porno ofende y degrada a las mujeres porque está diseñado y creado por hombres que obtienen placer de subyugar a las mujeres; pero también existen filmes eróticos creados por y para mujeres (con material sexualmente explícito) que supuestamente mantiene la dignidad femenina y despierta el deseo sexual. Las cintas de erotismo femenino muestran encuentros sexuales cuya intención es ampliar la experiencia de las mujeres y no utilizarlas como un objeto o como el depósito de los deseos sexuales masculinos. Aceptémoslo: el goce sexual no es privilegio de los chicos. Las chicas también tienen derecho a su propio entendimiento, respuestas, maneras de alcanzar la excitación y despertar sus deseos sin tener que recurrir a la pornografía tradicional para establecer un modelo de normalidad sexual. Por su parte, los chicos necesitan aprender a ver las respuestas sexuales de las chicas bajo una perspectiva distinta a la impuesta por la industria de la pornografía. Negociar si el porno va a ser parte de tu relación y cómo es muy importante. Tienes derecho a saber si tu novio la utiliza. También debes reconocer tu propia expresión sexual, la cual puede o no incluir ideas establecidas por las imágenes de la pornografía. Además, puedes establecer si la pornografía aporta algo a tu yo sexual natural y a los estándares y comportamientos sexuales o no.

La parte de *Sexpectativas: Ellos* tiene una gran sección dedicada a la pornografía. Dale la vuelta a este libro y léela.

EL SEXO ES:

Consentimiento: Es importante decir si estás de acuerdo o no a cada paso. Recuerda que puedes cambiar de parecer en cualquier momento.

Creatividad: Se trata de disfrutar. Si no lo disfrutas, no deberías hacerlo.

Comunicación: Poder hablar con confianza y tener una comunicación abierta es una parte fundamental del sexo, incluyendo el lenguaje corporal, sexo cibernético y telefónico.

Contacto: El sexo es un contacto positivo y seguro entre personas que comparten la mayor intimidad física posible.

Decisión: Tú eliges cuándo y con quién quieres tener sexo, si deseas tenerlo.

EL SEXO NO ES:

Obligación: Cuando alguien intenta obligarte a tener sexo contra tu voluntad, no se llama sexo, se llama abuso o violación.

Sólo para tener bebés: En todo el mundo la gente experimenta el sexo por muchas razones; la reproducción es sólo una de ellas.

Sólo para tener orgasmos: Los orgasmos son fabulosos, pero es posible disfrutar de gran sexo sin tener uno. Lo contrario también sucede: se puede tener orgasmos sin tener gran sexo. ¡Quién dijo que el sexo era fácil!

Para complacer a mi pareja y hacer lo que sea que ella quiera.

PREGUNTAS DIFÍCILES

P ¿Qué no el sexo es sólo para tener hijos?

R El sexo no siempre tiene fines reproductivos, al igual que no siempre implica amor o compromiso. Las visiones y experiencias religiosas, culturales o individuales de mucha gente influyen en su decisión de tener sexo o no, así como las razones para ello. Por ejemplo, algunas personas dicen que quieren casarse antes de tener sexo. Sin embargo, el sexo se puede definir de varias maneras. Mucha gente tiene encuentros sexuales aunque crean que no cuentan, incluyendo sexo oral o masturbación mutua. Las relaciones sexuales suelen estar asociadas con la reproducción, pero tener este tipo de experiencias no necesariamente significa que nacerá un bebé. No importa lo que otros digan, piensen o sientan; tener o no tener sexo es una decisión propia y debe ser la correcta para ti.

P ¿Tener sexo me hará popular?

R Si le crees a todas las personas que dicen tener sexo para ser aceptadas, piensa de nuevo. Quizás en algunos casos sea cierto, pero seguramente hay varias a tu alrededor que han mentido sobre sus experiencias sexuales. Los adolescentes no siempre tienen tanto sexo como dicen. Muchas veces la gente presume su vida sexual como un intento para obtener aprobación social, pero, tristemente, por lo general el tiro sale por la culata. Si en verdad estás lista para tener sexo, no te importará lo que diga la gente. Podría ser un momento profundamente personal, privado y seguro con alguien en quien confías, o podría ser en un espacio público como una fiesta. Tal vez hablas sobre hacerlo o prefieres no tener sexo por alguna de muchas buenas razones. No importa qué elijas; el sexo no es un concurso de popularidad, porque la mayoría de la gente lo experimentará en algún punto de su vida. Aprende todo lo que puedas antes de tomar la decisión correcta para ti.

P Todos lo están haciendo, ya nadie quiere esperar. ¿Por qué debería esperar yo?

R Quizá te sorprenda, pero cada vez hay más jóvenes que deciden esperar antes de tener su primera relación sexual. Aunque muchas chicas me han contado que el sexo oral es más común que la penetración pene-vagina, hoy en día es mucho más normal decir "no estoy lista(o)" que en la generación de tus padres. Hace no mucho tiempo las chicas sentían que tenían menos opciones para responder ante la presión sexual. Si decides tener sexo, que no sea por lo que otros dicen estar haciendo. Sólo tú decides.

„¿QUÉ CREO QUE ES EL SEXO
Y QUÉ INFLUYE EN MIS CREENCIAS?"

Partes del cuerpo

"Muchas chicas no saben nada de sexo. No saben nada de su cuerpo ni de otras cosas porque nadie les habla de ello."

"¿Saben qué es lo mejor del sexo? Sentirte cómoda en tu propio cuerpo y tener un orgasmo."

"Las escuelas supuestamente nos enseñan todo lo que debemos saber. Nos hablan de sexo seguro pero no nos hablan de sexo."

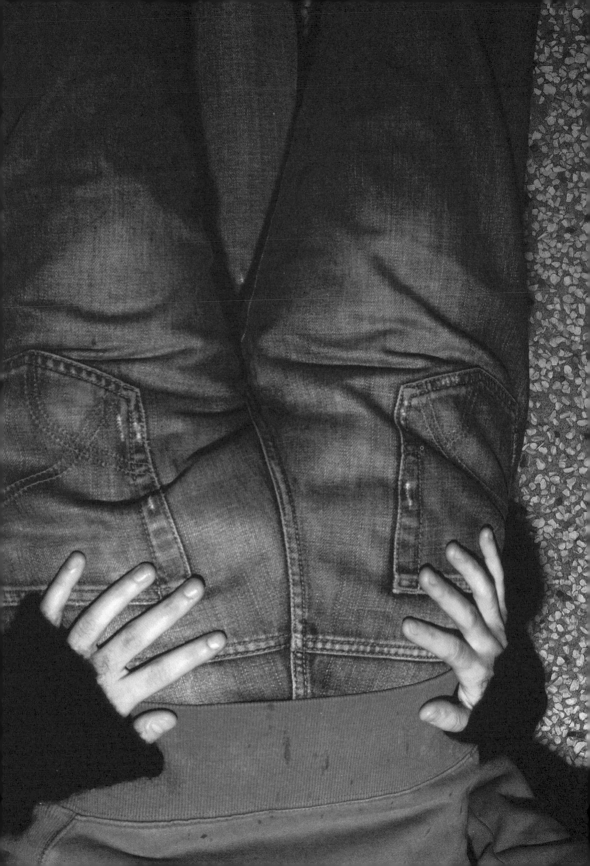

DURANTE LOS ÚLTIMOS DOS O TRES AÑOS HABRÁS NOTADO que tu cuerpo comenzó a desarrollarse de la nada. Los senos, los bultos y el vello aparecieron sin avisar. ¡Bienvenida a la pubertad! Se trata del cambio más radical y más rápido que tu cuerpo experimentará en toda la vida, lo cual, por supuesto, es desconcertante. Sin embargo, si no fuera así sería aún más raro. Acostumbrarse a los cambios lleva un poco de tiempo. Después de un rato sentirás que los cambios son tan normales que te preguntarás por qué estabas tan preocupada.

Cuando las hormonas atacan

El órgano sexual más importante del cuerpo es tu cerebro. Imagínate todas las cosas locas que hace justo durante tu transición de oruga a mariposa. La glándula pituitaria (ubicada en el cere- bro) secreta hormonas que inician una reacción en cadena a través de tu cuerpo. Gracias a este proceso, comienza el desarrollo de todos los signos físicos y emocionales de crecer.

Cuando conoces a alguien que te gusta *gusta*, es como si un millón de insectos zumbaran al- rededor de tu cuerpo y a lo largo de la habitación. Las emociones están ligadas a tus hormonas como un tren a las vías. Las hormonas pueden hacerte sentir extremadamente excitada y sensual, o relajada y distraída. ¿Has notado que cuando alguien cercana a ti está "enamorada", como una amiga o una hermana, también te sientes un poquito así? Eso sucede por culpa de las feromonas o las hormonas sexuales ajenas, las cuales flotan en el aire. El ena- moramiento en realidad se debe a las hormonas y es la mejor euforia natural que puedes experimentar, ¡además es gratis y no genera efectos secundarios!

Nuestro cuerpo produce muchísimas hormonas encargadas de enviar todo tipo de señales. Ya conocemos las reacciones que indican atracción: excitación, ansiedad, energía, enrojecimiento (cuando te sonrojas), calor, sudoración y corazón acelerado. Las oxitocina es una de las hormonas producidas en el cerebro y es imparable. Es parte fundamental de la respuesta a la estimulación sexual y la sustancia que te permite crear vínculos con otras personas. Es una avalancha química que te hace sentir capaz de cualquier cosa. La adrenalina también tiene un papel impor- tante: es lo que te hace zumbar de esa forma tan particular que identificamos con el amor.

Cuando una hormona de excitación sexual se lanza al ataque, hay una serie de consecuencias inesperadas: tus senos pueden aumentar su tamaño (como una operación automática y natural), puedes mojarte de repente (es fluido vaginal, no orina), comenzar a sudar en tus partes inferiores y el clítoris se excita. Todo esto pasa en partes del cuerpo que quizá ni siquiera habías considerado antes. ¿Qué son estas partes? Tal vez tengas el valor de investigar cómo se ve cada ángulo de tu cuerpo. Es normal, y de hecho muy buena idea, observar tu cuerpo durante estos procesos. Después de todo es tuyo. Encuentra un lugar privado y, con ayuda de un pequeño espejo, admira con tus ojos.

Tu aparato reproductivo o "tus partes"

Hablemos de "allá abajo". Muchas chicas han hablado de esto en la escuela, pero muchas otras nunca han mencionado el tema. Aquí no hay exámenes de por medio, es sólo una revisión rápida para asegurarnos de que cuentes con la información más básica.

Cuando miras el área que rodea tu vagina, verás pliegues de piel a los que llamamos vulva. Si miras un poco más adentro, verás que hay dos capas de piel rosa: una gruesa (afuera) y una delgada (adentro). Éstos son tus labios. Justo un poco más arriba, debajo de otro pequeño pliegue de piel, está el clítoris, el cual tiene tantas terminaciones nerviosas que es una de las partes más sensibles del cuerpo. Además, el único propósito del clítoris es generar placer y, en ocasiones, llevarte al orgasmo (¡diseñado sólo para el placer!). Para saber más sobre el clítoris lee la sección "Gracias, Madre Naturaleza".

El primer agujero es la uretra; es muy pequeño y sirve para expulsar la orina. Es tan chiquita que tal vez no puedas verla.

Después está la entrada a la vagina: un trabajo magnífico de la naturaleza. La vagina es extremadamente flexible (por eso los bebés pueden pasar por ahí al nacer), musculosa (lo cual ayuda a dar a luz y a tener sexo), y tiene pocas terminaciones nerviosas. La vagina es más o menos de la profundidad de tu dedo medio. Es posible introducir cosas en su interior: un tampón, una probeta para sacar muestras médicas o realizar el examen médico del Papanicolaou, un pene, dedos o juguetes sexuales. También hay cosas que salen de la vagina: mucosidades, sangre, fluidos y el recubrimiento del útero que conforma la menstruación, y, por supuesto, bebés. Quizá notes un poco de piel alrededor del interior de tu vagina parecido a la manga enrollada de una camisa o pedazos de una capa muy delgada de piel. Probablemente se trate de tu himen. Si no lo encuentras, no te preocupes, es normal. Si logras identificarlo, es muy poco probable que cubra tu vagina por completo. En el caso de que sí tape tu vagina, ve al médico para asegurarte de que puedes menstruar a través de él. Para más información sobre el himen, lee el recuadro titulado "¿Qué es el himen?".

Más adentro y hacia arriba encontrarás el cuello del útero, también conocido como cérvix (se siente como tocar la punta de la nariz con la punta del dedo). Ésta es la entrada al útero (a la matriz). El útero es la cuna protectora diseñada para el desarrollo del bebé antes del nacimiento.

Por afuera y hacia atrás, en dirección hacia tu espalda, está el ano, de donde salen las heces (la caca, pues).

GRACIAS, MADRE NATURALEZA

El clítoris es el epicentro del orgasmo femenino. Es como un botón hipersensible en la parte superior de la vulva. Su único propósito conocido es dar placer a las mujeres. Si se estimula correctamente, el área se tensa y se llena de sangre. El orgasmo es la descarga física después de esta tensión. El clítoris es mucho más grande de lo que se cree; ahora sabemos que tiene el mismo número de terminaciones nerviosas que el pene, pero están concentradas en un espacio mucho menor, lo cual lo vuelve increíblemente sensible. Estos nervios se extienden hasta el interior de la pelvis. Tocar el clítoris puede causar mucho placer y es la manera más común para llegar al orgasmo. Utilizar lubricante o saliva al frotarlo reduce la fricción durante la estimulación, lo cual aumenta la sensibilidad.

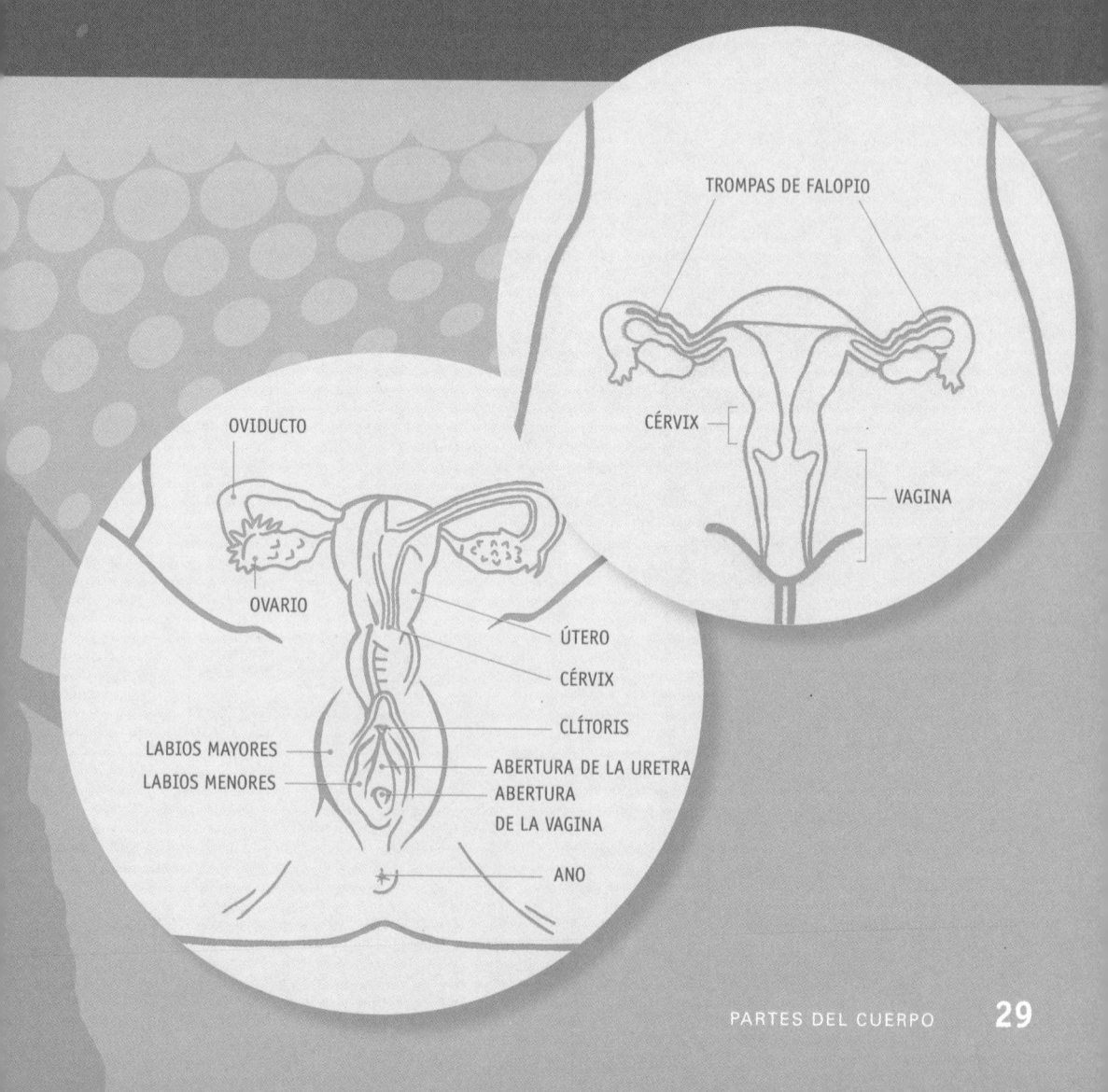

TROMPAS DE FALOPIO

CÉRVIX

VAGINA

OVIDUCTO

OVARIO

ÚTERO

CÉRVIX

CLÍTORIS

LABIOS MAYORES

LABIOS MENORES

ABERTURA DE LA URETRA

ABERTURA
DE LA VAGINA

ANO

El placer y tu cuerpo

El placer es una de las principales razones por las que tenemos sexo. Disfrutar la intimidad, sentir cercanía con otro cuerpo, las experiencias sensoriales del tacto, el gusto y el olfato recalcan la experiencia sexual. Las chicas (y los chicos) muchas veces piensan que el sexo es alcanzar el orgasmo, pero en realidad sólo es una parte del gran panorama. Probablemente hayas escuchado esto hasta el cansancio, así que hablemos primero del gran O y luego pasaremos a tu cuerpo y a cómo experimentar el placer de otras maneras.

ORGASMO

El orgasmo, también llamado "venirse" o "llegar al clímax", es una descarga de sensaciones agradables cerca del final de la estimulación sexual. La sensación es como de alivio o irradiación de los órganos sexuales al resto del cuerpo. Los orgasmos pueden ser ruidosos o contenidos, una gran explosión o un flujo cálido de placer. Algunas mujeres pueden tener más de uno, y otras, ninguno. Los orgasmos son experiencias distintas para todas y no hay manera "correcta" de sentirlos o experimentarlos. La confianza, la seguridad y la exploración son fundamentales para la experiencia sexual de las mujeres.

Las mujeres pueden sentir orgasmos de varias maneras. Para muchas es relajación, es decir, dejar ir físicamente. Por otro lado, para muchos chicos es lo opuesto y con frecuencia se trata de acumulación de energía. El uso continuo de alcohol y drogas puede reducir el potencial de un orgasmo.

El órgano encargado de producir las hormonas que responden a los orgasmos es el cerebro. Reacciona a los estímulos sexuales relajando algunas partes del cuerpo y tensando otras al mismo tiempo. Así que, mientras el área genital y pélvica se relaja y llena de sangre, el corazón se acelera, la respiración se agita y el cuerpo se excita. Al sentir excitación sexual, la sangre se acumula en el área de la pelvis y la vagina se recubre con un fluido lubricante y resbaloso. El tamaño de los senos también aumenta cuando estás excitada; los pezones se erectan y se vuelven sensibles al tacto. Algunas mujeres incluso pueden llegar al clímax con tan sólo estimular los pezones.

A pesar de la creencia común, los orgasmos generados únicamente con penetración vaginal son muy poco comunes, pues no hay tantas terminaciones en la vagina como para estimularla de manera adecuada y generar una respuesta sexual intensa. También está el punto G (que más que un punto es un área), ubicado en el interior de tu cuerpo, en la parte frontal de la pared vaginal. Si te acuestas de espaldas, está en la parte de arriba de tu vagina. Algunas mujeres alcanzan el orgasmo estimulando esta área. Las probabilidades de lograrlo durante las relaciones sexuales penetrativas son más altas cuando la mujer está arriba (puedes leer más sobre las distintas posiciones en el capítulo 5).

La estimulación directa del clítoris es la manera más común de provocar un orgasmo y, en promedio, puede tardar entre dos y veinte minutos. Esto significa que puedes tomarte tu tiempo

y disfrutar la acumulación de estímulos durante el proceso. Aunque a veces los chicos experimentan el orgasmo antes que ellas, en el caso de las mujeres puede durar mucho más. Pero todo esto es en términos generales. ¿Qué hay de ti? ¿Ya sabes qué te hace sentir bien?

La piel es un órgano sexual que cubre todo el cuerpo. Con frecuencia nos sonrojamos cuando estamos excitadas, lo cual puede parecer una erupción en las mejillas o en el pecho. No te preocupes, se quita después de un rato. Besar, tocar y lamer puede ser muy sensual, en especial en las partes sensibles como el cuello, las orejas, la parte interna de las muñecas, detrás de las rodillas, ¡tú decide! Conocer las zonas erógenas requiere un poco de autoexploración y una dosis de confianza, comunicación y paciencia con la persona que elijas para tener intimidad sexual.

Por lo general los hombres secretan semen (con espermatozoides) cuando tienen un orgasmo (lee la sección de chicos para saber más sobre esto). Las mujeres también pueden secretar un fluido en pequeñas cantidades, pero lo más común es experimentar contracciones musculares rápidas, una sensación de tensión seguida de alivio y una descarga de cuerpo completo de placer y euforia. La sensación posterior al orgasmo es muy diferente para todas las chicas. Algunas experimentan una descarga enorme e intensa, otras sienten un fluir de cosquilleo cálido. Es completamente distinto para cada una y eso se debe a que somos individuos. El tiempo que tardas en alcanzar un orgasmo también puede variar según cuán excitada y relajada te sientas, qué tan familiarizada está tu pareja con tu cuerpo y qué tipo de actividad sexual ocurre.

¿QUÉ ES EL HIMEN?

El himen es una membrana muy delgada que rodea la parte exterior de la vagina y no tiene ninguna función biológica particular. La mayoría de las chicas nacen con el himen incompleto, es decir, no cubre toda la vagina porque hay un agujero natural en su superficie. Suele ser muy delgado y su textura es como de un pañuelo desechable, así que es muy fácil que se estire o rompa durante las distintas etapas del crecimiento o por realizar actividades normales. Es muy raro que un tampón "rompa" el himen, pues por lo general ya tiene un hoyo que permite su paso.

En algunas culturas existe la creencia de que el himen sirve para determinar si una chica es virgen. Sin embargo, es muy difícil saberlo con sólo examinar esta membrana. Alrededor de una de cada dos mil mujeres tiene un himen "completo" que cubre toda su vagina, y existe la probabilidad de que necesite asistencia médica para romperlo y permitir el flujo de la sangre menstrual.

¿SABÍAS QUE...?

La palabra himen significa "piel" o "membrana" en griego. Esta palabra se utilizaba para describir todo tipo de tejidos corporales, no sólo el que se encuentra en la entrada de la vagina.

Lo normal de lo normal

Caer en la idea de que algo es normal sólo porque está basado en la noción de otros sobre qué significa ser normal, o la de alguien que ignora el valor de la diversidad natural, puede ser muy fácil. La mayoría de las veces lo "normal" no existe, pero ciertamente hay cosas que podemos identificar como saludables o no. En lo personal, me gusta pensar los cambios en el cuerpo, mente y actividades en términos de las siguientes dos preguntas:

> » ¿Esto que estoy experimentando en mi cuerpo, mente o actividad puede considerarse saludable a grandes rasgos?
> » ¿Mi experiencia corporal, mental y las actividades que realizo en general promueven y apoyan mi propio bienestar y salud, así como la de otros?

Si tu respuesta a ambas preguntas fue negativa, te sugiero buscar ayuda y apoyo para identificar y cambiar cualquier cosa que te impida ser saludable. Para las chicas que todavía se preguntan qué se considera normal o no en términos del cuerpo, hablemos un poco más al respecto.

"¿DE DÓNDE SALE TU IDEA DE LO NORMAL?"

Los fluidos corporales son un asunto que incomoda a muchas chicas; sin embargo, son parte de nuestra vida diaria y sin ellos estaríamos arrugadas y oxidadas. Aquí está la verdad sobre lo que debes esperar:

TU CICLO MENSTRUAL

El ciclo menstrual sucede porque el cuerpo se prepara una vez al mes para la posibilidad del embarazo. El ciclo menstrual promedio es de 28 días, aunque es muy común, y por lo general normal, que las chicas sean irregulares o tengan ciclos distintos entre 24 y 35 días. Si utilizamos el ciclo promedio como ejemplo, esos 28 días consisten en:

Día 1: El sangrado (la menstruación) comienza. Es una mezcla de sangre, revestimiento uterino (endometrio), fluido y mucosas de tejido. Esta combinación pasa del útero al cérvix, luego a la vagina y hacia el exterior. El útero puede contraerse un poco durante este proceso. La cantidad normal de sangre perdida durante un periodo es alrededor de dos cucharadas soperas.

Días 3 a 5: El flujo se detiene. Para este momento, cerca de 20 folículos ováricos (como canastitas de huevos), los cuales contienen varios óvulos cada uno, han crecido los últimos días.

Día 6 a 13: Los óvulos crecen y la carrera comienza para determinar cuál será expulsado. Durante este periodo, el útero se recubre a sí mismo y forma una capa diseñada para recibir al óvulo fertilizado e implantarlo en el útero: es como una pequeña cama.

Día 14: El momento más fértil de tu ciclo es entre 14 y 16 días antes de su conclusión. Así es, debes contar hacia atrás desde el fin del ciclo y no sabrás exactamente en qué día caerá, lo cual complica bastante las cosas. Es realmente difícil identificar con precisión los días más fértiles. En

este momento la glándula pituitaria en tu cerebro secreta las hormonas que le permiten al ovario expulsar al óvulo más maduro. Este óvulo es transportado por miles de células a través de la trompa de Falopio, listo para encontrarse con un espermatozoide (consulta la sección de chicos para saber más sobre el esperma; siempre es bueno saber de esto, así que voltea este libro y lee). El momento más fértil dura aproximadamente 24 horas y durante este tiempo la mucosidad cervical secretada por la vagina se vuelve transparente, se diluye y se hace más pegajosa.

Días 15 a 28: El recubrimiento del útero se espesa durante una semana antes de la ovulación. Si el espermatozoide y el óvulo se encuentran, el óvulo fecundado baja por la trompa de Falopio durante algunos días antes de adherirse a la "cama" en la pared del útero. Si no hay fecundación o implantación, el recubrimiento uterino comienza a deteriorarse. Después de cierto tiempo se desprende y resulta en la menstruación. Así regresamos al día 1. En este punto, los ovarios comienzan a acumular las hormonas necesarias para la maduración de un óvulo nuevo.

¿SABÍAS QUE...?

Los óvulos humanos son las células más grandes y voluptuosas del mundo celular: es la única que se puede apreciar a simple vista, ¡apenitas! Además, es como una reina porque tiene a su disposición un grupo de células "acompañantes" que se acumulan alrededor del ovario para protegerlo y cuidarlo antes de que sea expulsado. Cuando una niña nace, tiene más de un millón de óvulos primitivos en sus ovarios, pero para el momento en que llegue a la pubertad, sólo tendrá algunos cientos de miles. Los humanos y los grandes simios (como chimpancés o gorilas) tienen menstruación o periodo. El cuerpo de la mayoría de las hembras mamíferas reabsorbe el recubrimiento uterino.

MUCOSIDADES

La producción de mucosidades en la vagina es natural; ayuda a mantenerla saludable y cambia su color y textura durante el ciclo. Mientras más se acerca el periodo menstrual, el fluido transparente, líquido y pegajoso, se torna en una mucosidad más espesa y amarillenta. Encontrar mucosidades o fluidos transparentes en tu ropa interior es normal: la vagina tiene que hacer su limpieza de primavera cada mes. Si encuentras un líquido con un olor más fuerte que contenga sangre o sea de otro color, puede ser signo de una infección. Las chicas pueden tener infecciones en el tracto urinario o en la vagina sin haber tenido sexo. Así que, si estás preocupada, te sugiero acudir al médico para una revisión.

La excitación sexual saca lo mejor de tus fluidos corporales. En el caso de las chicas, la vagina suele secretar un fluido transparente y resbaloso. Algunas mujeres sienten que eyaculan (o se orinan) en el momento de la estimulación. La ciencia descubrió que no se trata de orina, sino de un fluido único producido por la glándula femenina equivalente a la próstata. ¡Las mujeres y los hombres tienen más en común de lo que creemos!

SUDOR

El sudor es sexy. Contiene feromonas, o sea, el "perfume" natural del sexo para despertar y estimular los sentidos. Si una persona huele particularmente bien para ti (su aroma natural, no su desodorante o loción), esto puede formar parte importante de la atracción sexual. No pierdas contacto con las señales de tu cuerpo. Mantén la conexión con tus sentidos.

"¿SÉ TODO LO QUE HAY QUE SABER SOBRE MI CUERPO?"

PREGUNTAS DIFÍCILES

P   ¿Cómo sé si un pene cabe en mi vagina?

R   Todos los chicos y chicas son diferentes, entonces no existe un tamaño "normal" de vagina o pene. El pene cambia de su estado flácido (suave) a erecto (duro). (Lee más sobre esto en la sección de chicos.) Tu vagina es muscular y flexible. Esto significa que puede expandirse con facilidad durante las relaciones sexuales y durante el parto. El fluido secretado lubrica la vagina y facilita la penetración. La ansiedad y el estrés pueden hacer que los músculos vaginales se contraigan. Cuando tengas sexo, tener el control de tus movimientos puede ser muy útil para relajar los músculos. Puedes lograrlo si te colocas arriba (es decir, cuando el chico queda acostado boca arriba y tú te posicionas sobre él con una rodilla a cada lado de su cadera). Recuerda que debes parar si te sientes incómoda. También puedes usar lubricante a base de agua para hacer las cosas más resbalosas (y agradables).

P   ¿Por qué dejé de menstruar?

R   A veces la menstruación se detiene por una serie de razones para nada relacionadas con el embarazo. Le puede pasar a una chica que está bajo demasiado estrés durante cantidades prolongadas de tiempo, o tal vez perdió mucho peso muy rápido y las hormonas comenzaron a conservar energía (o sea, que el cuerpo apagó el calentador biológico para minimizar las pérdidas). La menstruación también puede parar cuando una chica hace mucha actividad física y no consume suficientes nutrientes. Sin embargo, si tuviste sexo sin protección recientemente, también puede indicar un embarazo.

P   ¿Cómo saber si alguien es virgen?

R   Una persona es virgen cuando carece de experiencias sexuales. Esto puede incluir muchas cosas, pero por lo general se entiende como una forma consensual de sexo, ya sea oral, vaginal, anal o masturbación mutua. Sin embargo, la terminología puede debatirse ampliamente. En términos históricos (desde 1200 d. C., más o menos), la palabra "virgen" se ha utilizado para describir específicamente a las niñas o mujeres jóvenes sin experiencia sexual, pero recientemente la definición ha evolucionado para incluir a hombres y mujeres mayores. Por fortuna, la perspectiva social respecto a estos temas está cambiando poco a poco. ¡Algunas culturas e idiomas incluso tienen una palabra específica para hablar de la virginidad masculina! No existen pruebas para determinar la virginidad y no hay manera de saberlo a simple vista ni de ninguna otra forma. A mucha gente joven no le da vergüenza decir que es virgen.

P   ¿Usar un tampón significa perder la virginidad?

R   El uso del tampón no tiene nada que ver con ser sexualmente activa; es un producto diseñado para la higiene personal. Si lo usas correctamente y lo cambias con regularidad, es una manera normal y saludable para absorber la sangre menstrual durante tus días. Usar tampón no significa perder la virginidad.

Capítulo 3

El sexo, tu mente y tú

"El sexo ya no es gran cosa, no entiendo por qué tanto
alboroto al respecto."

"Algunas chicas creen que si su novio las corta es el fin del mundo.
No saben cómo reaccionar y deciden rendirse. Se culpan demasiado
a sí mismas."

"¿Qué es lo más importante? Sentir que tienes razones para hacer las cosas.
La amistad es muy importante. Ir a fiestas, pasarla bien. Hacer la tarea y
sacar buenas calificaciones. Pero todo esto depende de tu personalidad.
Yo quiero ser libre y no sentirme amarrada a una relación. Quiero tomarme
mi tiempo."

Imagen corporal

Explorar tu cuerpo es una gran manera de entender sus fluctuaciones naturales (y hasta mágicas). Todas las células de cada parte de tu cuerpo se regeneran y reemplazan durante los años de crecimiento y por el resto de tu vida. En la pubertad, tu cuerpo pasa por los cambios más radicales de todos; con excepción, por supuesto, del embarazo y el inicio de la menopausia. Esta última sucede cuando las hormonas y la fertilidad cambian al llegar a cierta edad; puede comenzar a finales de los 40 o principios de los 50, la edad varía para cada mujer. Experimentamos cambios todo el tiempo; tu mente y cuerpo necesitan acostumbrarse a los distintos procesos de crecimiento. Dales a tu cuerpo y a tu mente un respiro y no sucumbas ante la crítica negativa.

Recuerda:
» El cuerpo de las mujeres es curvo de manera natural. Ciertas partes del cuerpo necesitan estar cubiertas por una capa de grasa, sin importar tu peso.
» Las fluctuaciones de peso semanales son normales.
» La mayoría de los chicos (los reales) no buscan modelos de ropa interior; quizá fantaseen con ellas, pero no es su meta en la vida real.
» Las expectativas irreales, como intentar ser tan flaca como una modelo, pueden hacerte sentir, actuar y ver vacía y superficial –muy poco sexy–, e incluso pueden llegar a deprimirte.

Hay chicas de todas las formas, tamaños y personalidades, y todas pueden ser fabulosas. No necesitas copiarle a las estrellas llenas de bótox y colágeno; utiliza tu propia belleza especial. Mira a tu alrededor y fíjate en todas las chicas inteligentes, saludables y divertidas que tienen un estilo único. Si desarrollas un estilo y una imagen positiva, puedes ser tu propio modelo a seguir. Encuentra y familiarízate con la hermosa chica que vive en tu interior.

Piensa qué te gustaría proyectar de ti misma al mundo exterior. Desarrolla tu propio gusto en ropa, música y cualquier otra cosa que te interese. Si en verdad quieres sorprender a la gente a tu alrededor, nunca lo lograrás por más que le copies a otras o sigas tendencias. Lo que te hará resaltar es algo secreto que sólo existe en ti. Puedes encontrarlo investigando y analizando tu percepción de ti misma, pues es tuya y de nadie más. Cuando te vistes y maquillas de manera congruente con tu *yo* natural, tu encanto interno brilla hacia el exterior. La belleza genuina es impresionante y no necesariamente se trata del glamour costoso.

Lo más importante es ser fiel a tus ideas. La belleza es confiar en ti misma, estar cómoda y feliz. No existe maquillaje suficiente o escotes pronunciados que superen la belleza de una sonrisa y demostrar que disfrutas vivir todos los días.

Estar "en contacto" con tu cuerpo

Bueno, hablemos de masturbación. La masturbación es la estimulación y excitación sexual que llevas a cabo contigo misma. ¿Por qué hacerlo? Pues es una forma de liberar la tensión y calentura de manera segura y una parte saludable de la vida sexual de todas las personas. Tanto chicas como chicos se pueden masturbar. Lo puedes hacer sentada, parada o acostada y es de las únicas cosas que en verdad se pueden considerar "sexo seguro".

Algunas chicas se masturban hasta que alcanzan un orgasmo. Si quieres intentarlo, lo más importante es sentir placer en un espacio privado y conocer a tu cuerpo y sus respuestas. De este modo descubrirás qué te gusta hacer y sentir en términos sexuales; llegar al orgasmo no es fundamental. Algunas culturas y sociedades tienen reglas que definen la masturbación como algo malo, sucio o incorrecto, incluso existen mitos y creencias extrañas en torno a la masturbación. Por ejemplo, que tus manos se pondrán peludas o que puedes quedarte ciega. Estas nociones son falsas.

Tocar tu cuerpo y explorar las sensaciones generadas es algo muy normal. Aprender a tocarte es una manera de establecer tus límites con seguridad y control. También es genial para descubrir qué cosas te hacen sentir bien, cómoda y segura. De hecho, los niños pequeños se tocan y juegan con sus genitales por instinto mientras duermen, o como una manera de consolarse y conocer su cuerpo. En realidad nos tocamos desde que somos niñas; es algo completamente natural.

Disfrutar en singular

Ser soltera es normal y divertido; te permite expresar tu creatividad y libertad. Hay mucha presión para estar con alguien, pues nuestro mundo, al parecer, está lleno de parejitas. Incluso puedes llegar a sentir que los demás quieren que tengas una pareja (no importa quién) porque sienten incomodidad de que haya una persona soltera a su alrededor. Pareciera que el mensaje es que ser soltera significa estar incompleta; no puedes aspirar a más que ser media persona. En el fondo sabemos que no es cierto, pero algunas chicas creen que no son valiosas a menos que estén en una relación. Hay otras maneras más importantes de definir tu valor personal que mirarte a través de ojos ajenos.

Recuerda que todas las chicas han sido solteras en el pasado, muchas lo son en el presente y muchas lo serán más adelante. Después de todo, tienes toda tu vida para estar contigo misma. Aprovecha el tiempo que pasas sola, explora tu independencia y autonomía y entra en contacto con tu propio ser. Rodéate de personas que te brinden su apoyo, demuestren que les importas como individuo y que hagan sonreír a tu bello rostro. Tu vida diaria te ofrece oportunidades maravillosas para practicar la espontaneidad, generosidad y tranquilidad, para ser bella y brillar desde tu corazón. Nadie puede explotar y compartir tu belleza y alegría interna, sólo tú.

Las relaciones van y vienen, pero cultivar amistades reales, hacer lo que más te gusta y planear tu futuro son acciones que perduran. Es importante que todo esto siempre forme parte de tu vida, no importa si estás con alguien o no. Cuando una relación termina, la autoestima recibe unos cuantos golpes, sobre todo si no has ejercitado mucho el músculo de la soltería y no puedes vislumbrar el fondo de la alberca emocional que es la vida. No pierdas tiempo: recupera la fuerza y levántate de nuevo, ¡prepárate para enfrentar las aventuras que vendrán!

A menos que descubras qué cosas te gustan de ser soltera, nunca apreciarás por completo lo increíble de estar con alguien que en verdad vale la pena. Estar soltera a veces requiere entrenamiento. Necesitas fortalecer los músculos emocionales de la soltería. Practicar estar soltera es una gran oportunidad para disfrutarte a ti *en singular*, como individuo, y para aprender muchas cosas sobre ti misma que te ayudarán en el futuro. Conocerte y saber qué quieres en la vida significa que no te conformarás con cualquier persona que se te ponga enfrente, sino que buscarás y elegirás a la pareja correcta para construir una relación.

"¿QUÉ COSAS PUEDES HACER CONTIGO MISMA? ¿QUÉ COSAS TE APASIONAN Y PUEDES DISFRUTAR EN SINGULAR?"

PREGUNTAS DIFÍCILES

P   Creo que me gustan los hombres, pero también me
    atrae una chica de la escuela. Estoy confundida.
    ¿Qué debo hacer?

R   Explorar y conocer tu propia sexualidad, o
    qué tipo de personas te atraen, puede ser una
    experiencia transformadora y liberadora.
    Sin embargo, a veces puede ser confuso.
    Sentir atracción por alguien, no importa si es
    chica o chico o ambos, puede ser maravilloso,
    todo un reto o simplemente desconcertante.
    Tal vez te preguntes si es normal o si hay alguien
    más como tú en el mundo. Explorar tus sentimientos
    puede ser emocionante, pero también es posible que
    te sientas confrontada por los juicios de terceros
    sobre lo "normal" y lo "anormal". No obstante, eso que
    llamamos "normal" y nos enseñan en la escuela o en casa
    no siempre es lo más natural para algunas mujeres. También
    nos han enseñado que lo "normal" puede ser la idea de un
    individuo o un constructo social. La noción de normalidad
    varía en todo el mundo. Si te sientes confundida o insegura,
    quizá necesites tomarte el tiempo de buscar consejos y
    apoyo positivos. Un poco de paciencia y valor de tu parte
    te ayudarán a entender qué es natural y normal para ti de
    manera más clara; con el tiempo aprenderás a definir la
    atracción sexual que sientes. Recuerda que la diversidad
    es parte de la humanidad y la diversidad sexual siempre
    ha sido importante; evidentemente, sucede hasta en los
    lugares más remotos del mundo.

"¿CÓMO PERCIBO MI SEXUALIDAD? ¿ESTOY CÓMODA CON ELLA?"

P He escuchado acerca de la masturbación, pero no sé cómo "hacerla". ¿Qué hago?

R La masturbación requiere privacidad (puedes hacerlo en tu cuarto o en la ducha). Considera practicar usando tus dedos y tocando el frente de tu área genital, presionando suavemente. Si eres un poco más atrevida, puedes insertar un dedo en tu vagina y presionarlo con cuidado al frente de la pared vaginal. Explorar el interior de la vagina puede generar mucho placer para las chicas, en especial la pared frontal. Lo más importante es relajarte y pensar en tus deseos sexuales y dejarte llevar por ellos. La fantasía y la imaginación pueden hacer de la masturbación algo muy divertido. Tu clítoris y tus senos son zonas erógenas, frótalos y juega con ellos para excitarte.

Abrazar y frotarte contra las sábanas y colchas de la cama o almohadas se siente muy bien. Algunas chicas disfrutan la presión del agua sobre el clítoris. Puedes experimentar cambiando la presión o velocidad de la estimulación y averiguar qué te gusta más.

Escucha a tu cuerpo y síguelo. No seas severa contigo misma y no te juzgues si no logras lo que habías imaginado. Recuerda que requiere un poco de práctica y paciencia. Si te das cuenta de que no te gusta, no te preocupes, también es perfectamente válido.

P La idea de tener sexo no me gusta. No puedo imaginarme haciéndolo. ¿Soy normal?

R No querer tener sexo en distintas etapas de tu vida es completamente normal. Cada persona es diferente; todas nos desarrollamos a ritmos diferentes. Lo más importante es nunca hacer nada que no quieras. Todas crecemos con ideas familiares, sociales y culturales sobre el sexo, así que piensa en esos valores y analiza de dónde vienen. Todo esto puede cambiar con el tiempo, según tu propia experiencia. Algunas normas sociales y morales establecen que el sexo es algo "malo" o "prohibido", lo cual puede inhibirte y evitar la aceptación del sexo como una parte normal y natural de la vida. Somos seres sexuales; y no sólo por "tener sexo" con alguien. La sexualidad es parte de todas las personas, incluso cuando no estamos teniendo relaciones. Sentirte cómoda con tu cuerpo y viva en términos emocionales es fundamental para desarrollar este ser sexual. Primero concéntrate en tu felicidad. Después de eso, el "sexo" dejará de ser tan complicado ante tus ojos.

Capítulo 4

La primera vez:

Lujuria, amor y todo lo demás

"Encontrar un equilibrio es bueno. Tienes que aprender a no tener miedo de decir tu opinión. Me gusta cuando un chico se esfuerza por convivir con mis amigas. Significa que valora mis relaciones."

"La mayoría de las chicas planea tener una relación a largo plazo más adelante. Quieren tener hijos o casarse."

"Una amiga tiene novio y son muy buena pareja. A veces son irritantes: ella es mi mejor amiga y ahora sólo la veo en la escuela. Los amigos de su novio se quejan de que nunca lo ven. Pero se gustan mucho y decidieron estar juntos, entonces está chido."

¡EL PRIMER AMOR ES INTENSO! De pronto nos enamoramos por primera vez y ¡pum!: es un sentimiento más profundo que la lujuria, pero nos hace perder el control. El primer amor puede suceder con una persona aunque no tengas sexo con ella. Sin embargo, si puedes usar la palabra "amor", se trata de alguien especial. ¡No hay nada más grande que eso!

La lujuria es un sentimiento sexual muy poderoso. Es la hermana de la pasión y el sexo. Al principio es muy fácil confundir la lujuria y el amor. Por lo general, la lujuria se "enciende" y arde intensamente, pero se apaga muy rápido. El amor sucede cuando una relación crece a fuego lento, y no siempre es una explosión potente que se detona de inmediato.

La lujuria puede ser una parte importante de las relaciones a largo plazo y puede convivir con el amor y la comunicación. Estos elementos son una combinación muy poderosa y satisfactoria.

La infatuación sucede cuando el cuerpo y la mente practican el amor romántico. Muchas veces se parece demasiado al amor, pero en realidad se encuentra en nuestra cabeza. Es una fuerte atracción hacia una persona que no comparte tus emociones. Podrías sentirte infatuada por un maestro o maestra, alguien con quien te encuentras con frecuencia pero con quien nunca hablas, como un amigo, el hermano de una amiga, el novio de tu hermana, una chica de la escuela, una estrella pop o de cine. Es normal tener fantasías, sexuales o no, con todo tipo de personas. Sin embargo, no siempre es recomendable hacer algo al respecto (por ejemplo, con tu maestro o con la estrella de cine). Se trata únicamente de fantasías y ten por seguro que cambiarán con el tiempo.

La experiencia de la infatuación, la lujuria y el amor son muy distintas, por lo tanto es fundamental aprender a identificar cada una. Los sentimientos que surgen cuando comienzas a sentir atracción por una persona pueden confundirte mucho, pues en ocasiones llegan al mismo tiempo.

Tal vez creas que te estás enamorando, pero en realidad estás frente a una infatuación poderosa mezclada con bastante lujuria, por si fuera poco. Todas estas emociones pueden ser maravillosas, pero también nos llevan por un camino peligroso de opciones sexuales. Podrías decidir lanzarte con todo y optar por darle un beso a la persona con la que quieres tener un acercamiento sexual. ¡Woooow! Pero piensa: ¿es por lujuria, amor o una infatuación? Tú decides.

Besar a alguien no significa que tengas que dar el siguiente paso, tener sexo o proceder a la próxima actividad sexual de la lista. Quizá quieras besar a alguien mil veces antes de estar cómoda y segura de que quieres ir más allá. Antes de que el fuego de la lujuria te consuma y te haga actuar cuando la oportunidad se presente, necesitas estar preparada. En ocasiones las cosas suceden demasiado rápido y, por ello, te recomiendo mantener siempre la CALMA en la cabeza. De este modo podrás pensar de antemano y estar en control:

C Claridad mental: el alcohol y las drogas no son tus aliados en este momento.

A Abre tu mente: pregúntate en cada momento si quieres parar o seguir.

L Lista: ¿estás lista o no? Respira un momento y considéralo.

M Materiales: ¿tenemos los materiales necesarios, como condones y lubricante? Ten tu kit a la mano, por si acaso.

A Amigos: Asegúrate de que tus amigos siempre sepan dónde estás y con quién. Procura tenerlos cerca de ti.

Recuerda que si las cosas avanzan y dices que sí quieres tener sexo, aún puedes cambiar de opinión. No está mal, no eres frígida, ni una zorra, ni una "calientahuevos". Simplemente cambiaste de opinión. Siempre que esto suceda no debes esperar más que respeto. Nunca vayas a un lugar al que tus amigos no puedan llegar si las cosas se tornan violentas. La decisión de tener sexo por primera vez es muy importante.

El sexo es más que "hacerlo". Es una decisión enorme, una que sólo deberías tomar cuando te encuentres en buen estado y estés realmente lista. ¿Qué sientes cuando piensas en sexo? ¿Emoción o miedo? ¿Te sientes fuerte, retada, feliz, aliviada, preocupada, nerviosa, o ansiosa? ¿Sientes bienestar, alegría o sorpresa; te sientes extasiada, loca, confundida, indiferente, equis, adormecida, mal; o atractiva y sexy; o presionada, amada, conectada, débil y decepcionada? Existe un gran rango de emociones posibles y todas son válidas. Lo más importante es recordar que los sentimientos son parte de ti y que cambiarán tanto como tú a lo largo de tu vida. Quizá no sientas todo esto al mismo tiempo, pero ejercer la sexualidad puede hacer que cualquier emoción surja en distintos momentos como parte natural de la experiencia de vivir y crecer. Acércate a tus amigos, padres o tutores para obtener consejos y ayuda con el fin de analizar estos sentimientos y experiencias. También puedes consultar consejeras o expertas en el tema o entrar a páginas institucionales confiables para que te apoyen en tu búsqueda de tu propia fuerza e independencia.

¿Estás lista?

El escenario está puesto y tú crees estar lista. Estás con tu novio, te gusta mucho y estás muy excitada. La temperatura aumenta y las cosas se ponen candentes y húmedas. El siguiente paso es el sexo, no hay de otra; puedes sentirlo.

¡Espera! Antes de lanzarte, es muy importante pensar:

» ¿Estás con alguien que te excita y te hace sentir segura?
» ¿Estás cómoda con tu cuerpo?
» ¿Puedes decirle a tu pareja cómo te sientes y estar cómoda con eso?
» ¿Sientes muchas vibras positivas?
» ¿Suelen reírse juntos? (El sexo puede ser hilarante.)
» ¿Estás teniendo sexo porque quieres?
» ¿Tienes un lugar seguro y privado al que ir?
» ¿Cuentas con condones, suficiente lubricante y algún otro método anticonceptivo?
» ¿Han discutido la prevención de embarazo e ITS?

Son muchas preguntas, sí, pero esta lista sirve para asegurarte de que estás completamente segura de lo que quieres. Antes de dejar el tema, resuelve el siguiente test.

TEST: ¿QUÉ ES LO CORRECTO PARA MÍ?

Responde a cada pregunta y analiza tu actitud e ideas sobre la primera relación sexual.

1. LA MEJOR RAZÓN PARA TENER SEXO POR PRIMERA VEZ ES:

A Estoy segura de mí misma y quiero compartir mi felicidad con esta persona.

B Me da curiosidad cómo se siente y sé que puedo manejarlo.

C Me siento aburrida y sola.

D Soy la única virgen de mi círculo social.

A) El sexo se trata de compartir emociones positivas, la confianza en ti misma y la felicidad. Es estar con alguien que te respeta como eres, no se trata de qué puedes hacer por la otra persona.

B) La curiosidad con frecuencia lleva al sexo, sobre todo la primera vez. Sin embargo, probablemente no es razón suficiente para tomar esta decisión. Si estás en una relación que te hace feliz, confías en ti misma y en tu pareja, la curiosidad puede ser un buen punto de partida para la exploración sexual.

C) Estar aburrida o triste es la peor razón imaginable para tener sexo por primera vez, sobre todo porque sólo te hará sentir más aburrida y sola. Existen muchas otras cosas que puedes hacer para remediar de manera creativa el tedio o la soledad.

D) A veces la primera vez sucede por la presión de terceros. El sexo no es una competencia y elegir esperar es muy común. Sólo tú puedes saber si estás lista o no.

2. LA PERSONA QUE ME INTERESA:

A ¡Es increíble! Nos reímos, platicamos y nos entendemos perfecto.

B Quiere que pruebe mi amor teniendo sexo.

C No se preocupa por mis sentimientos y a veces me menosprecia.

D Nos acabamos de conocer.

A) Cuando consideras tener relaciones sexuales con una persona, es muy importante encontrar a alguien con quien te entiendas y te puedas reír. Esto significa que estás relajada y te sientes segura con tu cuerpo y corazón. La comunicación es todo. Durante tu primera vez, habrá varios momentos en los que necesitarás reírte.

B) Si alguien te pide tener sexo como "una prueba de tu amor", esa persona no te ama y sólo quiere aprovecharse de la situación para su beneficio. La presión de tener sexo no está bien, es un abuso.

C) Si alguien te menosprecia o no respeta tus sentimientos, no se merece tu atención. No pierdas tu tiempo con una persona que sólo te usa para descargar sus propias emociones negativas. Pasa tiempo con tus amigos, habla con alguien en quien confíes y disfruta tu libertad sin la presión de una mala relación.

D) Si acabas de conocer a alguien y crees que podría ser "la persona ideal", piénsalo dos veces. ¿Estás dispuesta a compartir tu primera experiencia sexual con alguien que quizá nunca vuelvas a ver? Antes de hacerlo, habla con esta persona e intenta saber más de ella. El "amor a primera vista" no tiene que convertirse en "sexo en la primera cita".

3. SI PUDIERA PONER UNA REGLA PARA MI PRIMERA VEZ, SERÍA:

A Condones. No quiero embarazarme ni contraer alguna enfermedad.

B ¡Detente! Quizá no estoy tan segura como creía.

C ¿Cómo voy a poner una regla? ¡Si le digo qué hacer me va a cortar!

D Cariño primero.

A) El sexo sin protección puede tener consecuencias como el embarazo no planeado. Los condones y el lubricante son la mejor protección; si los usas correctamente, claro. No quieres comenzar la exploración del amor y el sexo para detenerte de inmediato por culpa de una infección o un embarazo.

B) Si estás en el proceso de tener sexo por primera vez y de pronto sientes deseos de parar, debes decirlo y esperar que tu pareja respete esta decisión. Recuerda que puedes decir "no" en cualquier momento, por cualquier razón, o incluso sin una razón.

C) Si alguien te intenta obligar a tener sexo con amenazas de dejarte, esa persona te quiere chantajear y manipular emocionalmente. Cuando esto sucede, significa que tus sentimientos no importan. Aléjate y encuentra apoyo con otras personas. Mereces ser tratada con cariño y respeto.

D) El cariño es una de las mejores maneras de expresar una vida sexual saludable. Tocar, acariciar, acurrucar, besar y los demás juegos sexuales son muy importantes para las chicas. El sexo puede venir más adelante, si quieres.

4. ¿CÓMO ME SIENTO CUANDO PIENSO EN MI PRIMERA VEZ?:

A Emocionada: Cuando llegue el momento y me sienta preparada, lo sabré.

B Nerviosa: Me da un poco de miedo; ¡creo que necesito un trago!

C Adormecida: Sólo quiero hacerlo y dejarlo atrás.

D Asustada: No sé qué esperar, ¡ayuda!

A) Analizar tus emociones te puede ayudar a determinar si estás lista para tener relaciones por primera vez o no. Cualquier sentimiento es normal. Lo más importante es saber actuar conforme a lo que sientas.

B) Reprimir tus sentimientos con alcohol o drogas significa que podrías llegar a hacer algo que no quieres o que sólo lo estás haciendo porque alguien más lo espera de ti.

C) Negar tus emociones significa que definitivamente no estás lista. Aprende a escucharte; piensa claro y respira. Piensa de nuevo.

D) Tener miedo es normal, sólo significa que necesitas más tiempo y deberías esperar a sentirte lista.

5. LA PERSONA QUE ELIJA PARA TENER SEXO POR PRIMERA VEZ SERÁ ALGUIEN:

A En quien pueda confiar; alguien que respete mi cuerpo y mis deseos.

B Que me adore, tengamos sexo o no.

C Con un cuerpo escultural y ojos hermosos.

D Que me encante con la mejor frase para ligar.

A y B) La primera vez tiene mucho que ver con la persona que elijas. Siempre debes esperar respeto y ser total e incondicionalmente adorada; sin importar si tienes sexo o no.

C) Claro, necesitas sentir atracción física por la otra persona. Pero el respeto y el entendimiento emocional también son centrales en el sexo y para determinar a dónde quieres llegar con él.

D) Las frases trilladas para ligar muchas veces salen de la boca de personas que no te conocen. Además, no son nada originales y el encuentro puede pasar de tranquilo a intenso o hasta violento con mucha facilidad. Pídele que te dé su nombre completo, que te muestre una identificación, te diga su estatus marital y cuántos hijos tiene. También puedes ignorarlos, quizá te sorprendan. No caigas en la trampa; sé inteligente y mantén el control.

"¿PUEDO DECIR LO QUE QUIERO Y SER FUERTE AL MISMO TIEMPO?"

Buena relación... gran sexo

Tal vez conocer el futuro sea imposible, pero sí puedes detectar señales tempranas para determinar si una persona es "la ideal" para ti. Compromiso significa elegir a una persona por amor, con todos los altibajos que eso conlleva, y la meta principal es actuar para reforzar la relación.

Decidimos amar a una persona porque la conocemos, la aceptamos como es y queremos que sea parte de nuestra vida. Amar a alguien es aceptación total, incluso si hay cosas que no nos gustan del todo. Tal vez esa persona no cumpla con el ideal del hombre perfecto según nuestro círculo de amistades, quizá se vea diferente o use ropa extraña, se ría raro o simplemente no esté a la moda. Si se trata de amor real, nada de eso importa. Desarrollar confianza y honestidad puede ser difícil, pero es una parte importante de compartir el amor. Cuando amas a alguien, significa que quieres que sea, por lo menos, igual de feliz que tú. Se trata de construir cariño mutuo y genuino, lo cual puede suceder cuando estés lista para una relación a largo plazo.

¿Difícil decisión? El compromiso es un asunto serio. Pero también incluye amistad, diversión, juegos y exploración. De hecho, todo lo bueno es mejor cuando lo compartes con una persona que quieres a largo plazo.

El compromiso requiere ciertas cualidades, como:

Responsabilidad: Ser y actuar como una adulta contigo misma y en tu relación.

Tolerancia: Intentar entender al otro aunque no siempre estés de acuerdo.

Paciencia: Tomar las cosas con calma cuando debes esperar o brindar apoyo.

Cariño: Cuidar de esa persona física o emocionalmente cuando te necesite.

Visión: Saber que quieres construir una relación a largo plazo y esforzarte para lograrlo.

Sabrás que no es la persona indicada si:

» Te menosprecia.
» No respeta a las personas importantes de tu vida.
» No te deja ver a tus amigos.
» No comparten tiempo de calidad.
» Sólo es por diversión.
» No significa nada.
» Alguna de las dos amenaza con terminar la relación.
» Una le oculta información importante a la otra.
» Alguna de las dos quiere iniciar una relación con alguien más; ya sea coqueteo o algo más profundo.
» Tienen encuentros sexuales fuera de la relación.
» Proponen un *break* o una pausa en la relación.
» Alguna de las dos decide terminarlo.
» Alguna de las dos se empeña por mantener la relación en secreto ante otras personas por un tiempo prolongado.

Quizá por ahora no quieras una relación y sólo quieras tener sexo. Eres un ser sexual con derechos y responsabilidades. Sentir cariño por otra persona no siempre termina en matrimonio, pero siempre debe haber respeto, sin importar cómo definas tus relaciones. Tienes el derecho de sentirte querida por ser como eres.

"¿QUÉ SIGNIFICA EL AMOR PARA MÍ EN UNA RELACIÓN?"

PREGUNTAS DIFÍCILES

P ¿Cómo puedo saber si es la pareja "ideal" para mí?

R Si conoces a alguien que te hace sentir "buena vibra", intenta responder las siguientes preguntas para determinar si en verdad es la persona correcta para ti:

- ¿Te trata genuinamente bien?
- ¿En general muestra respeto hacia las mujeres y en particular hacia ti?
- ¿Está intentando presumir o llamar la atención?
- ¿Tiene planes propios para su futuro?
- ¿Se lleva bien con tus amigos o por lo menos respeta tu relación con ellos?
- ¿Llega siempre que quedan de verse? ¿Deciden juntos qué quieren hacer?
- ¿Te respeta y no les cuenta a sus amigos lo que hacen en privado?
- ¿Sienten atracción física mutua?
- ¿Te sientes feliz y segura?
- ¿Pueden tratarse amorosa y juguetonamente en público?
- ¿Quieren pasar más tiempo juntos?
- ¿Disfrutan la compañía de sus amigos y respetan su espacio personal?

La buena noticia es que podemos estar dispuestas a conocer a la persona perfecta en su manera única e individual de ser. Por eso es importante tener contacto con otras personas; a veces ellas nos muestran una perspectiva distinta y, con suerte, mejores maneras de ver el mundo y disfrutar la vida.

P   Me estoy enamorando del novio de mi amiga. Él también me ve con "otros ojos" y dice cosas que sugieren su interés en mí. ¿Qué hago?

R   Piensa con cuidado antes de acercarte a la pareja de alguien más. Con frecuencia las relaciones que nacen del engaño y el secreto terminan en lágrimas. Sentir infatuación por el novio de una amiga no tiene nada de malo, siempre y cuando no hagas nada al respecto. Lo más probable es que lo superes en poco tiempo. La infidelidad lastima a las personas y no sólo a la amiga que perderías.

Tus amistades son importantes. No tienes que confiarle tus sentimientos a tu amiga si no quieres; tampoco es tu responsabilidad informarle sobre las "señales" que su novio te ha estado enviando, a menos que consideres que la puede llegar a lastimar. Pregúntate: ¿Te gustaría estar en los zapatos de tu amiga? ¿Querrías estar con un chico que coquetea con tus amigas? No, ¿verdad? Así que tal vez este chico no es tan bueno como parece. La lealtad, la confianza y el respeto son lo más importante en todas las relaciones, incluyendo la de tu amiga.

P   Si un chico está excitado y tiene una erección, es mi obligación tener sexo con él, ¿verdad? Si no lo hago, los testículos se le pueden poner azules y causarle muchísimo dolor, ¿no?

R   Las llamadas "bolas azules" o el "dolor de testículos por la excitación" es un término que algunos hombres utilizan para describir la sensación de tener una erección y no poder eyacular. Lo que le pase a un hombre con su pene y sus testículos durante y después de la erección es su responsabilidad, no tuya. Si comenzaron a tener sexo pero no quieres continuar, no estás obligada a seguir.

"¿CUÁLES SON MIS VALORES MÁS PROFUNDOS EN TÉRMINOS DE RELACIONES? ¿QUÉ COSAS NO ESTOY DISPUESTA A NEGOCIAR?"

Capítulo 5

Hacerlo

"Quiero saber todo acerca de tener sexo. ¿Cómo se hace?
¿Qué debo hacer para disfrutarlo al máximo?"

"Queremos saber sobre las distintas posiciones; cómo tener
buen sexo, gran sexo; cómo tener el mejor sexo posible para
nosotras mismas y no sólo para hacer sentir bien a
nuestras parejas."

¡Chicas! ¡Por fin llegó el capítulo del sexo y cómo hacerlo! Todo lo que hemos mencionado hasta ahora es la información más básica: las partes de tu cuerpo, las emociones, el placer y, lo más importante, ser tú misma. Necesitas saber todas estas cosas antes de comenzar a experimentar con el sexo en la vida real. De esta manera podrás tomar las decisiones correctas para ti. Si al llegar a esta página sientes que ya has adquirido demasiada información, te sugiero leer esta sección por partes y sólo leer algunas secciones cuando te sientas preparada.

Besar

Los besos son una gran manera de comprobar si hay química entre tu pareja y tú; para determinar si son compatibles. Pero un beso no es sólo un beso. Un beso entre amantes puede decir "me importas"; un beso francés puede decir "te deseo"; y uno en la mejilla puede significar simplemente "hola" o "adiós". Los besos dicen mucho más de lo que creemos.

BESAR BIEN

No te estreses; relájate y respira (si no lo haces te puedes marear o desmayarte). Para empezar, concéntrate en el contacto inminente entre los labios, el aroma de tu pareja, su mirada sobre tus ojos. Gira un poco la cabeza pero no tuerzas tu cuello (¡auch!).

Empezar lento y poco a poco ayuda a acumular la emoción y excitación, además te da el control de las cosas y deja a tu pareja deseosa de más. Eres una mujer, no un auto deportivo. Si sientes que de pronto van muy rápido, menciónalo. Detente un momento, tómense un respiro. Sepárate unos segundos o ve al baño, no importa. Hablar durante una sesión de besos está permitido, siempre y cuando quieran o necesiten decirse cosas. También puedes dar el siguiente paso y tocar a tu pareja mientras se besan; esto significa que las cosas comenzarán a calentarse.

Recuerda:
» Besar a alguien con mal aliento arruina el momento; cepíllate los dientes (y no olvides la lengua). Siempre lleva mentas para mantener un aliento saludable.
» ¡Cuidado con los dientes! Que los incisivos choquen puede ser divertido y excitante (como en los rituales de apareamiento de los animales salvajes), pero también puede ser doloroso. Por otro lado, los mordiscos suaves pueden ser deliciosos.
» ¡Aguas con la saliva! Babear demasiado es muy poco sexy.
» "Usar la lengua" no significa meterla a la fuerza en la boca o garganta de tu pareja, por lo menos no sin construir el momento suave y cariñosamente.
» Los chupetones (moretones generados al succionar, por lo general en el cuello) son muy feos. Procura tener cuidado con ellos.

Besar a tu pareja no implica que tendrás sexo con ella. Debes estar segura de qué tan lejos quieres llegar. Pregúntate cómo te sientes y aprende a controlar la situación, aunque las hormonas corran como locas por todo tu cuerpo.

TIPOS DE BESOS

EN LA MEJILLA: Saludo o despedida.

DOS BESOS, UNO EN CADA MEJILLA: Algunas culturas se saludan con dos besos (los italianos, por ejemplo).

BESO FRANCÉS: En realidad no es francés y definitivamente no es un saludo, pues implica utilizar la lengua para tocar la boca de tu pareja (quizá suena asqueroso, pero puede ser increíble cuando te excitas).

PICO O KIKO (BESO BREVE EN LOS LABIOS): Puede ser un saludo entre muy buenos amigos o entre personas especiales.

BESO LARGO EN LOS LABIOS: Es para compartir un momento sexual o emocional con una persona especial.

BESOS DE MARIPOSA: Es el contacto entre las pestañas y la piel de tu pareja (¡muy lindo!).

BESO EN EL AIRE: Tronar los labios como las estrellas de cine; los labios nunca tocan la piel de la otra persona. Es divertido hacerlo con tus amigas.

SOPLAR UN BESO: Besar la palma y soplar en dirección a otra persona (divertido y coqueto).

BESO EN LA MANO: Besar la parte superior de la mano (es encantador o raro, según la persona que lo haga).

BESOS GUÁCALA: Si un beso te deja sintiendo asco, como si te hubieran atacado para babearte, como si acabaras de besar una tabla, o como si te hubieras atragantado con una lengua que no es la tuya, probablemente no te quedes con ganas de más intimidad con esa persona.

¿Sexo nada más o *gran sexo*?

Existe el sexo… pero también existe el gran sexo. ¿Cuál es la diferencia? Tener sexo puede ser "hacerlo" nada más. Pero ¿quién quiere eso? Quizá necesites un poco de práctica antes de tener un sexo fantástico que te haga sentir muy bien. Esto también requiere conocer tu cuerpo y estar cómoda con tu piel. La libido, o apetito sexual, está muy relacionada con cuánto disfrutamos el sexo. Lo mismo pasa con la seguridad y la libertad de elegir con quién y cómo tener sexo.

Tener sexo con alguien nuevo puede ser excitante sólo por la novedad; eso no necesariamente significa que será bueno. Tener gran sexo no es encontrar más parejas que el resto; eso es una mera competencia. El sexo con una persona significativa puede ser asombroso. Saber que eres especial para alguien más es muy importante; quiere decir que vales cada gota de energía sexual invertida en compartir la experiencia.

La comunicación es la base para el gran sexo. No asumas que tu pareja siempre sabrá qué te gusta o qué quieres. Sé honesta y directa al hablar de estos temas. Ten siempre la libertad de expresar cómo te sientes. Debes aprender a decir si estás feliz o asustada, si te sientes segura o experimentas dolor. Si no puedes hacerlo, tómalo como una señal de que quizás esa persona no sea la indicada para ti o que no estás tan lista para la actividad sexual como creías.

Tal vez esto suene un poco extraño, pero el gran sexo no sólo tiene que ver con el pene. Las chicas y los chicos suelen creer que el gran sexo gira alrededor del pene y lo que cada quien pueda hacer con él. Los videos musicales, las revistas y la publicidad se concentran en eso. Al parecer el sexo se enfoca principalmente en el pene, ¿no?

¡No!

Recuerda que hay toda una persona conectada a ese pene. El gran sexo se trata de disfrutar la mente y el cuerpo entero de tu pareja, ¡no sólo sus partes privadas!

Las palabras clave para las chicas y el gran sexo son "lento", "firme", "suave" y "constante". Las palabras clave para los chicos de parte de las chicas son "confianza", "seguridad", "diversión", "exploración" y un poco de "conversación".

Los condones y el lubricante siempre deben formar parte de tus planes para tener gran sexo. Sí, pueden hacer que todo sea más divertido y, la verdad, estarás agradecida de haberlos utilizado. El lubricante hace que el sexo sea más cómodo y ayuda a mantener el condón en su lugar. Los condones evitan la mayoría de las ITS (infecciones de transmisión sexual; hablaremos de ellas posteriormente) y son uno de los mejores recursos para reducir el riesgo de embarazo no planeado. Nunca olvides llevar condones contigo, son tus mejores amigos; si los dejas en casa podrías perderte de una experiencia sexual potencialmente maravillosa.

Nunca te arrepentirás de haber desarrollado la habilidad para negociar el uso del condón. La actitud de tu pareja hacia el condón es muy importante para determinar si vale la pena tener sexo con él o no. Si te ofrece usar sus propios condones, va por buen camino. Si no, puedes sugerir algo como: "Tal vez esto llegue más lejos; si eso pasa, quiero usar condón. Supongo que no tienes problemas con eso". Si dice algo decepcionante que indique indisposición a tener sexo más seguro, podrías decir algo como: "Estoy comprometida con el uso del condón. Podemos tener sexo seguro o no hacer nada". Existen muchas más razones para usarlos que para no usarlos (además de cancelar la opción de tener relaciones). En realidad no hay opciones genuinas para reemplazar el uso correcto del condón. Recuerda, tu salud y tu cuerpo están de por medio. Hablaremos del condón con más detalle posteriormente.

"¿QUÉ PUEDO HACER PARA SENTIRME CÓMODA USANDO UN CONDÓN? ¿CÓMO DECIR QUÉ PIENSO SOBRE USAR CONDÓN?"

FAJE

Las chicas necesitan fajar o un poco de juego sexual antes de tener sexo. De hecho, para muchas mujeres, el faje *es* sexo. Fajar es una actividad sexual que no involucra penetración (sexo pene-vaginal). El juego previo incluye comunicar, reír, jugar, hacer cosquillas y acariciar. Los besos y las caricias son las acciones más comunes en un faje.

Frotar y jugar con los pezones puede ser muy sexy para las chicas y los chicos, ya que se trata de una zona erógena súper sensible. También puedes erotizarte muchísimo cuando te lamen, acarician y succionan los pezones. Durante esta exploración sexual, las áreas más sensibles de tu cuerpo y el de tu pareja son donde la piel es más suave, como el cuello, la parte interna de las muñecas, los codos, los muslos o las rodillas. La humedad hace que este contacto sea más divertido y menos irritante para la piel, así que aprovecha tu lengua. La saliva es un lubricante natural súper efectivo para sacarle provecho a las zonas erógenas.

A veces el faje dura más que la penetración. Si te relajas y te tomas tu tiempo, aprenderás a disfrutarlo ampliamente y a estar en contacto con tu cuerpo. Si estás lista para llegar al siguiente nivel, la estimulación del clítoris durante el faje es la mejor manera de llegar al orgasmo sin penetración. El juego previo también fortalece la confianza y ayuda a separar a los chicos que sólo quieren precipitarse a la penetración y al sexo falocéntrico de los que están felizmente dispuestos a darte placer.

SEXO EN SECO

El sexo seco, "frotación" o "petting" es un tipo de relación sexual sin penetración. Sucede cuando dos personas frotan entre sí sus cuerpos, por lo general sus genitales, generando estimulación sexual. Puede ser muy excitante e incluso llevar al orgasmo. El sexo seco puede ocurrir cuando estás parcial o completamente vestida, así que es una buena opción para las personas que aún no están listas para desnudarse. También es más seguro en términos de prevención de ITS, pues no hay intercambio de fluidos corporales a menos que tengas contacto directo de los genitales, piel con piel, o te expongas a ciertas secreciones.

SEXO ORAL

El sexo oral se ha practicado durante siglos. Se refiere a utilizar la boca y la lengua para estimular sexualmente el área genital de otra persona. En tu caso, significa que tu pareja lamerá o succionará tu clítoris y sus alrededores con la punta y superficie de su lengua. Con frecuencia es la manera más exitosa de provocarle un orgasmo a una mujer.

Tu pareja debe ser paciente, constante y encontrar una posición cómoda (podría tardarse un rato por ahí), y sobre todo debe demostrar que quiere hacerte sentir placer. Ayúdale con comentarios que le indiquen si va por buen camino o no. La comunicación es clave para la satisfacción mutua.

Tu clítoris requiere atención especial; si tu pareja aplica demasiada presión puede irritarse, y si lo hace con demasiada suavidad no sentirás nada del otro mundo. Recuerda: lento, constante y húmedo. Tu vulva es muy sensible y la estimulación puede generar tremenda excitación, así que dirige a tu pareja para que esté al tanto de qué te gusta y qué no. Por lo general, usar los dientes para esto no es buena idea.

Explora distintas posiciones; recuéstate sobre tu espalda, o boca abajo sobre tus manos y rodillas; siéntate en una silla, párate o siéntate con una pierna de cada lado. El límite es tu imaginación y comodidad. Si lo haces es porque quieres y porque sabes que estás lista.

El sexo oral no es causa de embarazo, pero de todas formas se considera un tipo de relación sexual. No olvides que debes usar condón para protegerte de ITS si decides estimular el pene con tu boca. Estas enfermedades pueden transmitirse por el contacto de labios, boca o garganta con los genitales y viceversa. No estás obligada a tragarte el semen de tu pareja; tampoco tienes que dejar que se venga en tu boca. Pídele que te avise cuando esté a punto de eyacular para que lo haga en otro lado. También podrían acordar qué hacer en el momento. Recuerda: eres libre de parar cuando quieras.

El lubricante a base de agua es muy efectivo para reducir la fricción e incrementar la sensibilidad. Puedes comprarlo en la farmacia o en cualquier supermercado. Algunos centros de salud o de atención juvenil lo regalan. Puedes usarlo en privado (para la masturbación) o acompañada. Consulta la sección *Ellos* para saber cómo puedes darle placer oral a un hombre.

69

Es una posición que permite la estimulación oral mutua y simultánea. En pocas palabras, deben acostarse con la cabeza en direcciones contrarias. Además del sexo oral, usar sus manos para masturbarse mutuamente puede ser genial. En ocasiones necesitarás dejar de "dar" unos momentos para concentrarte en tu propio cuerpo, sobre todo si estás cerca del orgasmo. Mantén el contacto contigo misma y siente qué deseas y qué no en cada momento.

MASTURBACIÓN MUTUA

Tocar, frotar y acariciar sus genitales puede ser muy excitante y disfrutable. Después de la masturbación individual, la masturbación mutua probablemente es la forma más segura de practicar el sexo (siempre y cuando el semen no entre ni se acerque a tu vagina). Este tipo de estimulación requiere algo de práctica, pues deben descubrir qué cosas disfruta cada uno; es diferente para todos. Pueden hacerlo sentados hombro con hombro, uno arriba del otro, parados o incluso arrodillados. Prueben todas las posiciones que puedan. La única regla es usar mucho lubricante y saliva para evitar fricción e irritación. También puedes pedirle a tu pareja que vaya más lento o más suave o que adquiera cierto ritmo mientras acaricia tu vulva. Si quieres, puedes decirle que inserte uno o dos dedos en tu vagina y presione hacia el frente para estimular tu punto G. ¡Puede ser muy erótico! Si tu pareja estimula tu clítoris con cuidado y paciencia (y mucho lubricante), podrías llegar al orgasmo.

Una vez más: si no lo estás disfrutando o te sientes incómoda, detente.

PENETRACIÓN VAGINAL

Sucede cuando, después de establecer consentimiento mutuo (es decir, cuando tú y tu pareja expresen que quieren hacerlo), el pene penetra la vagina con movimientos repetitivos de afuera hacia adentro. También puede involucrar la penetración con dedos y juguetes sexuales; consensuado, claro. Una mujer también se puede colocar arriba e insertar el pene ella misma utilizando su cuerpo. Esto genera fricción placentera para los hombres y estimula la vagina y, en ocasiones, el clítoris. La vulva puede estar muy sensible antes de la penetración, sobre todo después de un faje, lo cual intensifica el momento.

Aunque la vagina no tiene tantas terminaciones nerviosas, la posición que practiques puede marcar una gran diferencia en tu placer sexual. Colócate arriba, abajo o de espaldas; encuentra la mejor posición para ti. Tómate tu tiempo para poder probar el sexo de varias formas. Si sientes dolor, detente un momento. Pídele a tu pareja que retire su pene o muévete un poco hasta que se te pase. Escucha a tu cuerpo y siempre sé honesta con lo que quieres.

El sexo se relaciona profundamente con la sensación de seguridad y de atracción sexual hacia la otra persona. Hacerlo sólo para complacer a tu pareja no es una buena razón y puede convertir este acto en una experiencia dolorosa, estresante e infeliz. El miedo al embarazo o al sexo en sí mismo puede secar y tensar la vagina. Los nervios de que te puedan descubrir en el acto es otro factor que puede hacerte sentir incómoda.

Tener sexo cuando en realidad no quieres, o hacerlo antes de estar lista, puede contribuir a la insensibilidad (cuando tu cuerpo bloquea sus reacciones) o incluso al dolor. Tus músculos se tensan porque tu cuerpo no está preparado; las paredes vaginales se cierran como reflejo. En ocasiones el dolor se debe a la falta de excitación o lubricación: la resequedad vaginal puede hacer que la penetración sea muy dolorosa.

De nuevo, la comunicación es la clave. Es normal esperar que tu pareja te pregunte cómo te sientes, pero también puedes decir si algo te incomoda o si no estás disfrutando la experiencia. Si tienes dolor o no estás tranquila, detente y descansa. Quizá quieras intentarlo de nuevo, pero no debes continuar si no quieres. La comunicación es esencial en esos momentos; sentirte querida y apreciada importa muchísimo. Tal vez quieras moverte un poco, besar a tu pareja, reír o simplemente que te abracen. Es el mejor momento para decidir lo correcto para ti, aquí y ahora. Lo más importante es que tengas la seguridad para expresar tus sentimientos. Pídele a tu pareja que vaya más lento o se detenga. Unta lubricante sobre el condón. Intenta otra posición en la que estés más cómoda y procura estar en un lugar donde sabes que nadie los puede interrumpir ni poner en riesgo. Si ya hiciste todo esto y todavía sientes dolor, quizá necesites un poco más de tiempo. Tal vez no estás lista para tener sexo. Considera darte un respiro. Sé paciente y tolerante contigo misma; mantente fuerte y no sucumbas ante la presión sexual.

"¿TENER SEXO POR PRIMERA VEZ ES DOLOROSO?"

SEXO ANAL

El sexo anal por lo general involucra usar dedos, boca, pene o juegos sexuales para estimular las terminaciones nerviosas alrededor y dentro del ano. Aunque no te puedes embarazar, es una forma de penetración sexual. Como cualquier otra actividad relativa al sexo, sólo debes hacerlo si en verdad lo deseas. No es para todos; es normal no querer tener sexo anal. Con la práctica, muchas chicas disfrutan el sexo anal, aunque también es común sentir dolor. El ano está recubierto de piel muy delicada, la cual puede romperse y sangrar con facilidad por la fricción.

Si eliges tener sexo anal, el uso de condón y mucho lubricante es vital. Siempre. El sexo anal es una vía de transmisión de VIH y otras ITS, pues el tejido del ano es muy delgado y puedes tener muchas heridas pequeñas sin saberlo. Otra medida precautoria es evitar que cualquier cosa que haya entrado en tu ano entre en tu vagina, pues es una fuente de infección. Asegúrate de cambiar el condón antes de seguir. Lo más recomendable es tomar el sexo anal con calma; disfrutarlo requiere práctica, comunicación y confianza. Como en cualquier otra circunstancia relacionada al sexo, si te duele, detente.

"¿CÓMO ME SIENTO EN ESTE INSTANTE?"

El sexo y las relaciones de género

AMIGOS CON DERECHOS

Tener sexo con un amigo, o amigos "con derechos", como se dice comúnmente, es una experiencia que muchas chicas han declarado "sucede de pronto". No hay lazos emocionales, antecedentes, compromiso, ni pláticas sobre el futuro o relaciones. Las chicas pueden tener sexo por tener sexo, y muchas lo hacen.

El sexo con un amigo puede parecer una buena opción si los dos están de acuerdo en que no están listos para una relación pero sí para explorar el sexo. También parece más seguro tener sexo con un amigo que con un extraño que conociste en un antro. Si esto te suena familiar, debes estar consciente de algunas cosas. Si vas a explorar el sexo con un amigo porque quieres probar ciertas cosas, necesitan ser muy honestos y protegerse mutuamente. Recuerda que primero fueron amigos. No olvides que tener relaciones para conseguir un novio no es una buena idea. Podría convertirse en una experiencia triste o infeliz a la larga. Existe una línea muy delgada entre explorar el sexo y sentirte explotada.

Aunque el sexo con un amigo puede ser un acuerdo temporal, la vida contigo misma es para siempre. Mantén la calma y no te pierdas; sé tú misma. Cuida tu cuerpo y protégete usando

condón. Tal vez este arreglo no implique el mismo compromiso que una relación, así que no te sorprendas si tu amigo tiene sexo con otras personas. A menos que hayan discutido y establecido la monogamia, tu pareja tampoco puede esperar compromiso total de tu parte. Que tu pareja sea mucho mayor que tú puede ser problemático. Considera por qué un hombre mayor querría tener sexo con chicas mucho más jóvenes. Recuerda que probablemente hay leyes para regular este tipo de relaciones en tu país o región.

También debes estar consciente de que el sexo modifica las relaciones. Piensa qué puede suceder después del sexo. ¿Qué pasa si uno de los dos quiere formalizar las cosas? ¿Cómo te sentirías si tu pareja expresara deseos de estar contigo de manera exclusiva? ¿Qué pasa si tú quieres pasar al siguiente nivel? ¿Tus expectativas incluyen explorar el sexo o en realidad buscas sustituir la falta de afecto? Tu vida sexual no es un noticiero para tus amigos. Habla con personas que puedan compartir esta información a través del respeto mutuo. Déjales muy claro que tu acuerdo de "amigos con derechos" no se trata de controlar al otro ni de ser controlada. ¿Se tratan con respeto? Si decides terminarlo, ¿seguirán siendo amigos?

DIVERSIDAD SEXUAL Y ATRACCIÓN POR EL MISMO SEXO

Los seres humanos somos increíblemente complejos y diversos. En este libro no sólo buscamos explorar la expresión de la sexualidad y las decisiones en torno a ella, sino también celebrar la maravillosa diversidad de la vida sexual, emocional y amorosa. No todo se puede clasificar, pero intentaremos hacerlo para simplificar y aclarar algunas cosas. La sexualidad suele ser descrita de tres maneras: heterosexual (entre personas de sexos distintos), homosexual (personas gay o lesbianas) o bisexual. Estas clasificaciones se refieren a la manera en la que una persona experimenta la atracción romántica y sexual por alguien del mismo sexo o del sexo opuesto en términos biológicos. Las personas que se identifican como heterosexuales sienten atracción predominantemente por personas del sexo biológico opuesto; las personas homosexuales sienten atracción primordialmente por personas del mismo sexo y las bisexuales se sienten atraídas, de manera muy equilibrada, por ambos sexos biológicos. También existen personas que se identifican como asexuales, es decir, que por lo general no experimentan atracción por ninguno de los sexos.

Aunque es posible que te definas a partir de una identidad sexual, se trata de algo relativamente variable. Por ejemplo, una persona que se identifica como heterosexual puede llegar a desarrollar atracción romántica genuina por alguien del mismo sexo. Esto no significa que deba comenzar a definirse como homosexual o bisexual, pues hay muchos factores determinantes para nuestra orientación sexual, como el comportamiento, las inclinaciones, los deseos y el sentido de pertenencia social. Algunas personas pueden tener orientación homosexual, mientras que su comportamiento e identidad corresponden a un matrimonio heterosexual tradicional. Además de ser confuso, esto puede dificultar la aceptación de la verdadera identidad y el desarrollo de un ser sexual genuino. Algunas sociedades persiguen a las personas que no se identifican como heterosexuales y, aunque las cosas están cambiando poco a poco en algunos países, esta persecución ha significado mucho dolor para mucha gente.

La orientación sexual es como el color de los ojos. En ocasiones tienes ganas de ocultarlo porque te han dicho que no está bien o no es normal, pero no lo puedes cambiar. Y, ¿por qué

querrías cambiarlo? Es una parte natural y maravillosa de tu propio y único ser. A veces no es tan fácil entender tu deseo o preferencia sexual, sobre todo mientras creces, pues el mundo a tu alrededor parece dar por sentada la heterosexualidad. Si no encuentras personas a tu alrededor que admitan haber experimentado sentimientos y anhelos similares a los tuyos, podrías sentirte muy sola. Todos queremos ser aceptados.

Encontrarle sentido a tu orientación sexual es parte de la adolescencia. Algunas personas se saben distintas desde que tienen ocho años, deciden no apegarse a las normas estrictamente heterosexuales y parten de ahí para entender su posición. ¿A quién se le ocurriría cambiar la preferencia de una persona heterosexual? Lo mismo sucede con las personas homosexuales; es imposible obligarlas a cambiar. Ciertamente hay gente que define la homosexualidad como un "problema" con solución. Pero hoy en día sabemos que esta actitud no es más que homofobia, o el miedo a la homosexualidad; ¡y eso es lo que debería cambiar!

Las chicas tienen sexo con otras chicas por diversas razones. Algunas desean experimentar con su propia identidad y poder sexual. Tal vez no se identifiquen como lesbianas, aunque sientan atracción por otra mujer. (La atracción por personas del mismo sexo sólo es eso: atracción.) Si una chica siente esta atracción, podría preferir explorar su sexualidad con una mujer y no con un hombre. Existen muchas variaciones en la naturaleza y, por supuesto, en la sexualidad humana.

Recuerda que las leyes respecto a estos asuntos cambian en cada país. En la ciudad de México, por ejemplo, las relaciones entre personas del mismo sexo son legales y tienen los mismos derechos y obligaciones que las personas heterosexuales. Las personas que sienten atracción por alguien del mismo sexo o que se identifican como homosexuales pueden tener carreras, amigos, padres orgullosos y, claro, relaciones. En otras palabras, tu orientación sexual (sin importar si te atraen personas del sexo opuesto, del mismo sexo, ambos o ninguno) no debe interferir con llevar una vida normal, saludable, productiva y exitosa.

En algunos países las leyes están cambiando para permitir el matrimonio y la adopción entre personas del mismo sexo. Sin embargo, hay muchos otros donde la homosexualidad es ilegal y puede ser castigada. Infórmate sobre las leyes locales.

'"CUANDO REFLEXIONO POR QUÉ ME GUSTA ALGUIEN, ¿QUÉ SIENTO? ¿CÓMO PERCIBO ESTA ATRACCIÓN?"

DIFERENCIAS ENTRE SEXO Y GÉNERO

El sexo y el género son distintos pero de alguna manera están conectados. El género se define a partir:

» Del mundo en que vivimos.

» Del cuerpo con el que nacimos.

» De las emociones que llevamos dentro.

Cuando alguien pregunta cuál es el sexo de un bebé al nacer, se refieren únicamente a las partes de su cuerpo: pene y testículos, o vagina y ovarios. Esto tiene que ver con las hormonas sexuales dominantes producidas para determinar biológicamente las características sexuales. El género, por otro lado, es distinto: se refiere a los roles que definimos como "masculino" o "femenino". El género también se relaciona a cómo nos sentimos en nuestro propio cuerpo: nuestra identidad de género como hombre o mujer.

A veces los sentimientos de una persona no coinciden con las expectativas ajenas o con lo que su cuerpo expresa sobre su "sexo". Las emociones alrededor de la identidad de género no siempre corresponden a lo que el cuerpo determina. El término "transgénero" se utiliza para nombrar a la gente cuya identidad de género o presentación no se adecuan a las normas tradicionales. Ocurre en todas las culturas y es mucho más común de lo que pensamos. No es igual a jugar o fingir para experimentar otro género a través del travestismo (por ejemplo, cuando un hombre usa ropa de mujer). Esto puede ser muy divertido pero no implica que esa persona sea transgénero.

"La disforia de género" es el término médico utilizado para referirse a una persona cuya identidad de género no corresponde a sus características físicas. Esto podría ser causa de trastornos sociales o emocionales. Imagina sentir que estás en un cuerpo equivocado. La condición transgénero se puede presentar en hombres cuya identidad corresponde a la de una mujer y viceversa. La intersexualidad es una condición física que ocurre cuando los órganos sexuales de una persona no son evidentemente masculinos o femeninos al nacer, o su sexo no corresponde a sus características fisiológicas. Por ejemplo, una persona puede tener genitales y aspecto masculino pero tener cromosomas XX (femeninos). Algunas personas nacen con genitales que no caben dentro de la definición social de lo normal. Podrían tener un pene más pequeño que el promedio, o un clítoris más grande. Cuando un bebé nace con genitales indiferenciados, los padres y el hospital suelen decidir su género. El bebé vive con esta decisión hasta que crece lo suficiente como para poder discutirlo. En este sentido, se cometen muchos errores, pues hay casos en los que no se sabe cuál es la verdadera identidad de género de un recién nacido. Esto puede ser muy confuso durante la adolescencia, el momento en que las personas comienzan a descubrir y explorar su propia identidad sexual y de género. Los adolescentes necesitan apoyo incondicional para entender su vida y trayectoria. Nuestra sociedad necesita hacer un mayor esfuerzo por reconocer y aceptar que las personas no siempre entran en categorías tan simples como masculino y femenino. El apoyo, la aceptación y la celebración de la diversidad natural de identidades de género y sexual son una parte normal del mundo cotidiano y maravilloso en el que vivimos.

PREGUNTAS DIFÍCILES

P No me siento atraída por otros chicos o chicas. ¿Me pasa algo?

R La atracción sexual puede significar cosas diferentes para personas distintas. Las personas que no se sienten atraídas por nadie suelen referirse a sí mismas como "asexuales". Por lo general, la gente que se define así está muy cómoda y conforme con esta definición. Ser asexual no es una enfermedad ni un problema de salud. La gente que no está interesada en el sexo no necesariamente tiene dudas sobre su identidad sexual. Generalmente saben si son heterosexuales, homosexuales, bisexuales, etc.; el acto mismo de tener sexo es lo que no les interesa, pero no significa que no tengan o ignoren su identidad.

En algunos casos, una persona puede ser asexual durante un periodo determinado de su vida, como después de un rompimiento importante, o pueden serlo para siempre. Tal vez no te atrae la persona adecuada en este momento, pero esto podría llegar a cambiar. También podría seguir así. Quizá puedes hablar con alguien de confianza sobre esto, sobre todo si no te sientes cómoda o te preocupa.

P ¿Qué significa "perder la virginidad"?

R Ésta sí es una pregunta difícil, pues depende de tus propias creencias sobre la virginidad. En términos prácticos, significa que has tenido relaciones sexuales o has dado tu consentimiento para participar en actividades sexuales, las cuales pueden incluir penetración pene-vagina, sexo oral, sexo anal o la penetración del dedo de alguna persona en tu vagina o ano durante un acercamiento sexual consensual. En algunas culturas la pérdida de la virginidad se determina por el "rompimiento" del himen. Que un himen esté intacto (o sea, que no cubra la vagina por completo) se considera (erróneamente) la "prueba" de que una chica ha tenido relaciones sexuales. Sin embargo, el himen suele tener un agujero natural y raramente cubre por completo la vagina de las vírgenes. Si una chica comienza su ciclo menstrual y su himen cubre totalmente la vagina, deberá acudir al doctor para asegurarse de que el flujo pueda salir.

P ¿Siempre duele la primera vez?

R Muchísimas chicas se preocupan porque asumen que su primera experiencia sexual con penetración será dolorosa y que incluso habrá sangre por un desgarre en su vagina. Si nunca has tenido sexo, utilizarás por primera vez algunas partes de tu cuerpo que hasta ahora no han recibido este tipo de atención física y emocional. Si estás ansiosa o nerviosa antes de la primera vez, tu vagina podría resecarse y tus músculos vaginales podrían contraerse con fuerza. Esto puede ser muy incómodo y doloroso. Sentirte excitada es muy importante porque permite que el fluido vaginal recubra las paredes y que los músculos se relajen. Toca el área genital y el clítoris para lubricar y dilatar tu vagina.

Intenta practicarlo durante la ducha o en algún momento de privacidad. Incluso puedes insertar un dedo para explorar cómo se siente y ver si puedes alcanzar el cérvix (la distancia entre el orificio vaginal y el cuello del útero es más o menos el tamaño de tu dedo medio). Esto te ayudará a acostumbrarte a la sensación de un cuerpo extraño dentro de tu vagina; hazlo a tu ritmo y en un espacio seguro. Utilizar lubricante a base de agua es muy útil, ya sea que explores en soledad o con tu pareja.

Algunas chicas sangran un poco durante la primera vez. Esto puede deberse al estiramiento de la piel delgada de la vagina. Los músculos vaginales son muy fuertes, pero los tejidos y las membranas pueden ser algo delicadas; la fricción constante puede causar pequeñas lesiones. Los condones y el lubricante son esenciales; el condón reduce las probabilidades de contraer o transmitir infecciones y el lubricante ayuda a hidratar y a eliminar la fricción que podría provocar el sangrado.

"CUANDO PIENSO EN TENER SEXO POR PRIMERA VEZ, ¿QUÉ SENTIMIENTOS SURGEN EN MI CABEZA?"

P Todas mis amigas ya tuvieron relaciones, menos yo. ¿Qué hago?

R La probabilidad de que todas tus amigas en verdad ya hayan tenido relaciones sexuales no es tan alta como crees. En muchos países, la mayoría de los estudiantes de preparatoria (entre 16 y 18 años de edad) son activos sexualmente de una u otra manera. Esto incluye un gran espectro de actividades sexuales, como besar, estimulación de genitales con las manos y tener sexo oral. Por ejemplo, en México cerca de 50% de los adultos jóvenes reportaron haber tenido su primera relación sexual entre los 16 y 18 años. O sea que, estadísticamente, sólo la mitad de la gente de tu edad en este país ha tenido algún tipo de contacto sexual: no todos, y probablemente no todos tus amigos. Muchas veces la gente recibe información incorrecta sobre el sexo y desconocen varios hechos. Algunas personas incluso creen que hablar de tener relaciones sexuales las vuelve más interesantes y socialmente aceptadas. Está bien, no hay que juzgar. Ya se les pasará. La presión ejercida por tus amigos y compañeros, o presión entre pares, es una de las causas más importantes de estrés en la vida de una mujer joven. A veces, la noción de que te estás perdiendo de algo puede ser muy poderosa y estresante. No lo olvides; lo más importante es que sólo debes tener sexo cuando estés lista y nunca porque te presionaron. Ya verás que si llegas, o cuando llegues, a ese momento (porque en verdad lo deseas) no estarás pensando en tus amigas, sino en "otras cosas".

P ¿Qué es la abstinencia?

R La definición de abstinencia varía. Puede referirse a la decisión de evitar el contacto sexual (oral, anal o vaginal), pero también puede tratarse de un alejamiento total de cualquier actividad sexual. Algunas personas practican la abstinencia para evitar el embarazo y las enfermedades de transmisión sexual; también pueden tener razones culturales o religiosas. La gente que elige practicarla puede tener muy claro cómo es su apetito y cuál es su identidad sexual. No involucrarse en actividades sexuales es una decisión y la abstinencia es una elección personal. Necesitas sentirte feliz y cómoda para abstenerte tanto tiempo como quieras; la definición depende de ti.

P ¿Es raro tener sexo durante la menstruación?

R No. De hecho, es bastante normal, pues muchas chicas sienten gran excitación en ese momento. Algunas personas disfrutan tener sexo durante la menstruación y otras no. Siempre puedes negociar este tipo de cosas. Por supuesto, también debes encontrar maneras de controlar el flujo de sangre. Recuerda que es posible embarazarte aunque estés en tus días; no hay manera de saber en qué momento será expulsado el óvulo. Si tienes sexo sin protección, también aumentas el riesgo de contagio de ITS. Entonces no bajes la guardia y utiliza las medidas preventivas de siempre.

P Los pedos vaginales son vergonzosos. ¿Por qué suceden?

R Se trata de algo normal y muy común, aunque un poco vergonzoso. Cuando tu cuerpo se excita sexualmente, la vagina se extiende hacia arriba y atrás, lo cual crea un efecto de vacío por la succión de aire. Cuando regresa a su posición normal este aire sale con el típico sonido de un pedo. Es difícil evitarlo, pero si tú te ríes de ello, ayudas a eliminar la tensión del momento y se vuelve mucho más sencillo tratar el tema. Sólo debes decir que es normal para todas las chicas.

P ¿El sexo es el precio que debo pagar para mantener una relación?

R Si el sexo te parece un "precio a pagar", entonces es más valioso que tu pareja. Encuentra a alguien que te quiera por ti, no por el sexo. Se supone que el sexo es una experiencia compartida; tienes derecho a una vida sexual plena y a relaciones amorosas al mismo tiempo. No es un intercambio, nada de unas por otras. Si tu relación depende de que "aflojes", no va a funcionar aunque lo hagas, esa persona no se va a quedar contigo.

Capítulo 6

Sexo, pero más seguro

"Algunas chicas de mi escuela han pasado por un susto de embarazo. Escuchamos muchas historias y nos da miedo. No puedes cuidar a un bebé a los 17."

"Una amiga se puso a llorar cuando supo que tenía una ITS. Estaba furiosa por haber adquirido una enfermedad tan joven. La verdad, nos asustó mucho a todas."

Hemos hablado de lo divertido que es el sexo pero, como en la mayoría de las cosas divertidas, también hay que mencionar los riesgos. Si quieres tener una vida amorosa increíble y saludable desde hoy y en el futuro, necesitamos hablar de algunas cosas que deberías evitar. Todas las mujeres en algún momento tendrán que considerar la anticoncepción, sobre todo si desean ser sexualmente activas pero no quieren embarazarse. Las ITS (infecciones de transmisión sexual) son muy reales y necesitas conocerlas.

Los hechos sobre la anticoncepción

El embarazo puede ocurrir desde la primera vez. Sí, basta un óvulo maduro, un espermatozoide muy entusiasta y un encuentro sexual. El hecho de que quieras o no embarazarte les importa muy poco. Usar un método anticonceptivo significa tomar el control sobre tu potencial de reproducción. Si no estás lista para ser madre, elegir no embarazarte es una decisión sabia e inteligente.

No existe un método anticonceptivo 100% efectivo. La única actividad sexual con garantía de no embarazo es la masturbación. Todos los métodos anticonceptivos tienen un margen de error, aunque, si se usan correctamente, suele ser muy bajo. Si una chica tiene sexo, se puede embarazar, incluso después de haber tomado las mejores decisiones del mundo y planeado todo con antelación.

Hay métodos distintos para chicas distintas. Algunos tienen efectos secundarios y no deberían ser utilizados bajo ciertas condiciones de salud. Consulta a tu médico o acércate a una clínica de planeación familiar antes de elegir uno. Recuerda que recibir atención y consejos médicos sobre la anticoncepción es tu derecho y nadie te puede juzgar por ello; consulta a alguien que pueda proporcionarte la asesoría adecuada y nunca limites tus opciones de acuerdo con los valores de otros.

A continuación encontrarás una breve descripción de las opciones de métodos anticonceptivos. Existen muchísimas páginas de Internet donde puedes encontrar más información. Incluimos algunas páginas recomendables en la sección "Aprende más". Sin embargo, lo más importante es aprender a usar tu propio criterio. No dejes de investigar y buscar lo mejor para ti.

EL CONDÓN

El condón es una funda hecha de látex o poliuretano diseñada para cubrir el pene y evitar que el semen entre en tu vagina. Es un método de barrera. Si se usa de manera correcta y se combina con lubricante a base de agua (¡lo cual es súper divertido!), es entre 95 y 98% efectivo para evitar el embarazo y transmisión de enfermedades. Debes admitir que no está nada mal para un pedazo de hule.

Puedes comprar condones en cualquier supermercado o farmacia, pero también están disponibles sin costo en los centros de salud y en clínicas de planificación familiar. ¡Sí, gratis! Es muy fácil de usar; colócalo sobre el pene cuando esté erecto y antes de que entre en tu vagina. Aplica lubricante sobre la superficie exterior. Cuando un chico eyacula (se viene), debe sacar su pene lo antes posible. Si no, éste se encogerá y el semen podría embarrarse en todos lados, incluyendo tu vagina. Siempre revisa la fecha de caducidad y sigue las instrucciones. Nunca lo tires en la taza del baño, arrójalo a un bote de basura.

ANTICONCEPTIVO ORAL (PASTILLAS)

La pastilla anticonceptiva es un método hormonal que se toma una vez al día. Está diseñada para evitar la ovulación y cambiar el recubrimiento uterino. Si se toma de manera regular, puede ser muy efectiva. Puedes elegir de entre muchas marcas y tipos, por lo cual te recomendamos poner atención a los efectos secundarios de cada una. Aunque no en todos los países o regiones necesitas una receta médica para adquirirlas, es muy importante consultar a tu doctor antes de tomarlas. No puedes usar la píldora de otra persona. La ventaja de este método es que puedes dejar de tomarla en cualquier momento y no afecta la fertilidad. La desventaja es que no ofrece protección contra ITS.

PÍLDORA DE EMERGENCIA
(LA PASTILLA DEL DÍA SIGUIENTE)

La píldora de emergencia es, como su nombre bien dice, sólo para emergencias. Puedes usarla después de tener sexo sin protección o si el condón se rompió o se cayó durante el coito. Su función es, primero, retrasar la ovulación y, después, impedir la implantación del óvulo fecundado. La puedes encontrar en distintas presentaciones de pastillas y, al igual que el anterior, es un método anticonceptivo hormonal. Es muy importante tomarla tan pronto como sea posible después del sexo sin protección. Mientras más tiempo pase, menor será su efectividad para prevenir el embarazo. Puedes tomar la pastilla de emergencia hasta cinco días después de tener relaciones. Puedes tomarla más de una vez durante el ciclo menstrual, y adquirirla sin receta en casi cualquier farmacia (es probable que te hagan algunas preguntas primero) o en clínicas de planificación familiar. Recuerda seguir las instrucciones. Al igual que las pastillas anticonceptivas, la píldora de emergencia no te protege contra ITS.

MÉTODO DEL RETIRO

El retiro es un método de prevención de embarazo que consiste en sacar el pene de la vagina antes de la eyaculación (sin condón). No uses este método a menos que sepas y estés 100% segura de que el chico en cuestión conoce su cuerpo muy, muy, muy, muy, muy, muy bien. La verdad es que no es un método anticonceptivo confiable y, sin importar lo que otros digan, tampoco te protege de ITS.

Aunque es "gratis", el costo a la larga puede ser muy grande: un embarazo no deseado o una ITS. Si decides hacerlo ten una toalla a la mano para limpiar el desastre posterior. Habla con un

médico de confianza para aclarar tus dudas y plantear si este método es una opción para ti, pero ten muy en cuenta que no se recomienda.

DIAFRAGMA

El diafragma es un "receptáculo" de hule que se inserta en la vagina para cubrir el cuello del útero. Es un método de barrera. Lo puedes insertar incluso varias horas antes de tener sexo y dejarlo hasta seis horas después del encuentro sexual. Es muy fácil de utilizar y al final sólo debes sacarlo y lavarlo. Es bastante confiable para mujeres cuyo peso no fluctúa constantemente, pues el receptáculo debe ser del tamaño correcto para ti y debes asegurarte de que se acomode bien en tu interior. La colocación no provoca dolor, pero necesitas estar muy familiarizada con tu vagina y tu cérvix. El costo inicial puede ser un poco alto, pero un diafragma dura hasta varios años. Puedes ir a medirte y comprar uno en las clínicas de planificación familiar, o ir con tu ginecólogo. Practica ponértelo antes de usarlo. Ofrece protección limitada contra ITS.

DIU (DISPOSITIVO INTRAUTERINO)

El DIU es un pequeño instrumento que se inserta en el útero por un procedimiento médico que requiere anestesia local. Funciona al confundir e intoxicar los espermatozoides. También ayuda a prevenir la implantación exitosa del óvulo fecundado en el recubrimiento uterino. Es muy efectivo como método anticonceptivo, hasta 98% en prevención de embarazo, y puedes acudir al doctor para que lo retiren. Se recomienda en particular para mujeres con hijos.

El DIU implica una inversión considerable en un principio, pero puede durar muchos años. También hay una versión hormonal que puede durar hasta cinco años. Antes de elegirlo, habla con tu médico o acude a una clínica de planificación familiar para saber si este método te conviene. No ofrece protección contra ITS.

DEPO PROVERA (ACETATO DE MEDROXIPROGESTERONA)

Se trata de una inyección hormonal administrada por un doctor o enfermera cada tres meses. Es extremadamente efectiva contra el embarazo (alrededor de 99%). Previene la ovulación y a veces la usan mujeres con problemas menstruales. No ofrece protección contra ITS.

PLANEACIÓN FAMILIAR NATURAL

Hay una serie de métodos anticonceptivos naturales a tu disposición. Todos ellos requieren que seas muy buena para leer y documentar las señales que envía tu cuerpo, que tu ciclo sea regular, pasar por periodos de abstinencia, mucha práctica (y el riesgo constante de cometer un error) y siempre estar alerta de la salud de tu cuerpo, aprender a distinguir enfermedad y cansancio, etcétera. Con el tiempo y mucha práctica, podrías volverte muy buena en ello y hacer el método un poco más confiable. No se recomienda para mujeres jóvenes porque la ovulación y el ciclo menstrual suelen ser demasiado inconsistentes como para determinar en qué momentos es "seguro" tener sexo. Además, no ofrece protección contra ITS.

"¿A DÓNDE PUEDO IR PARA OBTENER ANTICONCEPTIVOS Y ASESORÍA SOBRE SU USO?"

ANILLO VAGINAL

Este anillo de hule flexible contiene hormonas y se inserta en la vagina. Estas hormonas se absorben a través de la pared vaginal y entran al torrente sanguíneo. Debes usar uno nuevo cada mes. Si se usa correctamente, puede ser tan efectivo como la pastilla anticonceptiva y los efectos secundarios son similares. Puedes conseguirlo en clínicas de planeación familiar o con tu doctor. No ofrece protección contra ITS.

ESPERMICIDA

Está diseñado para matar a los espermatozoides dentro de la vagina. No es muy confiable y no se recomienda usarlo como único método anticonceptivo. Lo mejor es combinarlo con otros. No ofrece protección contra ITS.

IMPLANTE ANTICONCEPTIVO O SUBDÉRMICO

Es un pequeño pedazo de plástico flexible que un médico inserta bajo la piel del brazo y puede durar hasta tres años. El implante libera hormonas para evitar el embarazo. Como todas las opciones anticonceptivas hormonales, puede provocar efectos secundarios. Pregúntale a un doctor cuáles son. Es muy efectivo para prevenir el embarazo, pero no te protege contra ITS.

MITOS SOBRE EL EMBARAZO

- No te puedes embarazar si vas al baño después de tener sexo.

- No te puedes embarazar la primera vez.

- No te puedes embarazar si nunca te ha bajado.

- No puedes embarazarte durante la menstruación.

- No te puedes embarazar si tienes sexo en una tina.

- No te puedes embarazar si tienes sexo de pie o en posición vertical.

- No te puedes embarazar si saltas después de tener sexo.

- Puedes evitar el embarazo con un lavado vaginal de agua/refresco/vinagre.

- No te puedes embarazar si contraes los músculos de la pelvis para empujar el semen hacia afuera.

- No te puedes embarazar si te bañas o te sumerges en agua inmediatamente después del sexo.

La verdad es que estos mitos son FALSOS. Si decides tener sexo, la única manera de reducir las probabilidades de embarazo es con el uso correcto de un método anticonceptivo.

¡Creo que estoy embarazada!

Si tuviste sexo sin protección, podrías quedar embarazada. Algunos síntomas del embarazo son la interrupción de la menstruación, senos demasiado sensibles, necesidad de orinar con mayor frecuencia, náuseas, cansancio, mareos, entre otros. Varios de ellos pueden ser causados por estrés, mala alimentación o por hacer demasiado ejercicio. Si has tenido sexo desde tu última menstruación, no te ha bajado desde entonces, el sangrado es muy ligero, o encuentras manchas de sangre entre periodos, además de otros síntomas, podrías estar embarazada.

¿Qué debes hacer? Primero que nada, evita la tentación de fingir que no pasa nada. Es importante tomar decisiones por ti misma y actuar de inmediato. Durante los primeros días después del encuentro sexual sin protección, podrías tomar pastillas de emergencia. Es conveniente hacerse una prueba de embarazo en una clínica de planificación familiar o de salud sexual y reproductiva; acude con tu médico (de preferencia consulta a alguien que te haga sentir cómoda). Te pueden hacer una prueba de sangre para detectar la presencia de la hormona del embarazo cinco días después de la concepción. Sin embargo, se requieren aproximadamente 48 horas para realizar la prueba en el laboratorio y entregar los resultados al médico que te atenderá. También pueden hacerte una prueba de orina para medir los niveles de hormonas presentes durante el embarazo. Estas pruebas son más confiables si las realizas en el momento en que normalmente tendrías tu periodo; las hay caseras y las consigues en cualquier farmacia o supermercado (consulta la sección "¿Cómo funcionan las pruebas de embarazo caseras?").

No estar embarazada no significa que ya no tienes de qué preocuparte. Quizá sea buena idea acudir a un centro de salud para realizarte pruebas de ITS y asegurarte de no haber contraído alguna enfermedad durante el sexo sin protección (la mayoría de ellas se puede tratar). Habla con tu doctor o ve a una clínica de salud sexual o de planificación familiar. Además, si no quieres embarazarte, procura hablar con alguien sobre el mejor método anticonceptivo para ti.

Si estás embarazada y no deseas estarlo, probablemente sólo quieras esconderte y fingir que no está sucediendo. Se trata de un deseo que no se va a cumplir; no puedes fingir que todo está bien ni olvidar tu embarazo. Necesitas consejos y ayuda; habla con alguien sobre tus sentimientos y tus opciones. No tienes que hacerlo sola. Habla con un médico, con los expertos en las clínicas de salud, alguien de tu familia o un amigo que te pueda brindar apoyo. Lo importante es contar con la información correcta y apoyo para tomar la mejor decisión para ti. Tienes que considerar todas las opciones, incluyendo:

» Continuar el embarazo (lo cual significa criar o dar el bebé en adopción).
» Interrumpir el embarazo, es decir, un aborto (un doctor debe aprobar y realizar este procedimiento). No olvides revisar las leyes del estado o región en donde vives, pues no es legal en todos lados.

En este momento la información es clave; acércate a clínicas de planificación familiar, a los consejeros de los centros juveniles o a un médico en quien confíes plenamente. Tienes el derecho a obtener información completa y a recibir apoyo profesional, sin importar tu decisión. También puedes contactar algunas agencias especializadas en este tema para solicitar asesoría. Busca páginas de Internet que contengan los datos necesarios para tomar una decisión informada (consulta la sección "Aprende más" al final de este libro, para más información).

¿CÓMO FUNCIONAN LAS PRUEBAS DE EMBARAZO CASERAS?

Las pruebas de embarazo son muy simples, confiables y, por lo general, sólo requieren una muestra de orina. Algunas funcionan cuando orinas directamente sobre el palito, para otras debes recolectar tu orina en un recipiente y dejar que el palito la absorba durante cierto tiempo (cinco minutos, más o menos). Cinco minutos pueden parecer una eternidad en ese momento, así que procura tener a alguien con quien hablar, una revista para hojear o alguna otra cosa que te relaje mientras esperas. La prueba está diseñada para detectar cambios en las hormonas por el embarazo. Si vas a realizar una prueba de embarazo casera, compra un empaque doble. Si aún no te ha bajado y la primera prueba fue negativa, podría significar que no estás embarazada, o que sí lo estás pero los niveles de hormonas no eran suficientemente altos en ese momento como para ser detectados por la prueba. Realízala de nuevo tres días después para asegurarte. También revisa la parte sobre "Anticoncepción de emergencia", en el capítulo 5 de la sección *Ellos*. También vuelve a leer la sección sobre la píldora de emergencia o del día siguiente que mencionamos antes.

"¿CON QUIÉN PODRÍA HABLAR SI TEMIERA ESTAR EMBARAZADA?"

LA DECISIÓN MÁS GRANDE

Los bebés pueden ser súper lindos y adorables. Nos enseñan mucho sobre paciencia y cuidado, y brindan alegría y satisfacción infinita a la vida de los padres. La mayoría de las chicas son educadas bajo la creencia de que algún día tendrán un bebé. Nos hacen creer que se trata de nuestra culminación como mujeres y la mejor experiencia de nuestra vida. Sin embargo, no siempre nos dicen cuánto cambia la vida de una mujer al tener un bebé. No hay nada más grande que eso.

¿Por qué? Porque es un compromiso de vida. Si estás considerando tener un bebé, debes hacerte varias preguntas muy serias. Pero antes, a continuación encontrarás algunos hechos que debes saber:

» Estar embarazada por 40 semanas significa que tu salud debe ser tu prioridad; nada de salir de noche, desvelarte, ir a fiestas, consumir alcohol, tabaco o drogas. Tienes que alimentarte muy bien, hacer ejercicio y descansar mucho. Quizá te sientas cansada y enferma, y presenciarás cambios dramáticos en tu cuerpo. Necesitarás consultas médicas constantes e ir a clases con el fin de prepararte para el parto. Traer un bebé a este mundo requiere mucha planeación, recursos y apoyo.

» Parir puede tomar desde un par de horas hasta algunos días, por lo cual necesitarás ayuda para controlar el dolor, así como muchísimo apoyo físico y emocional. Deberás aprender muchas cosas en muy poco tiempo.

» Cuidar a un bebé significa acostumbrarte a la rutina de despertar varias veces en una noche para consolarlo y hacerlo dejar de llorar. Implica cambiar pañales, bañarlo, amamantarlo y lavar biberones; significa ser extra cuidadosa con el cuerpo y las emociones de ese pequeño y delicado ser humano todo el tiempo. El bebé será tu número uno. El bebé regirá tu mundo.

» La maternidad continúa por el resto de la vida de tu bebé. Los bebés se vuelven niños, adolescentes y adultos; su presencia en tu mundo es permanente.

¿Estás lista para eso? No es un camino fácil para ninguna mujer, en especial para las adolescentes. Pregúntate:

» ¿Por qué quiero tener este bebé? ¿Quiero comportarme como una adulta y tener el respeto de las personas a mi alrededor? ¿Quiero una excusa para dejar la escuela? ¿Para hacer algo distinto? ¿Para tener a alguien a quien cuidar?

» ¿Qué quiero hacer con mi vida en un año? ¿En dos años? ¿En cinco?

» ¿Puedo continuar con la escuela si tengo un bebé? ¿Qué opciones tendré a futuro si interrumpo mi educación ahora?

» ¿Qué más quiero hacer con mi vida: viajar, ser independiente, conocer mucha gente, explorar el mundo, construir una carrera, tener hijos más adelante?

» ¿Cómo cambiarán mi vida social, actividades deportivas y comunitarias cuando tenga un bebé?

» ¿Tengo los medios suficientes para criar una persona?

» ¿Estoy consciente de cuánto cuesta pagar la renta, comprar comida, pagar cuentas y comprar ropa y demás cosas para el bebé? ¿Alguna vez he presupuestado algo?

» ¿Qué tipo de apoyo puedo esperar, en términos realistas, de mi familia y comunidad? ¿Quién podrá y querrá apoyarme con esto durante los próximos años?

» ¿El padre estará cerca de mí para apoyarme? ¿Cuánto tiempo?

» ¿Estaría lista para criar a un bebé yo sola si el padre se fuera o si mi familia no me apoyara?

» ¿Mis amigos seguirán siendo mis amigos?

» ¿Estoy lista para renunciar a mi libertad personal por ahora y en el futuro?

Si deseas discutir tus opciones y contar con apoyo mientras tomas tu decisión, habla con una persona en quien confíes plenamente, o acude a una clínica de planificación familiar, centro de atención juvenil o acércate a algún trabajador social. Cualquier cosa que elijas debe ser respetada, reconocida y apoyada. Sólo tú puedes tomar la mejor decisión para ti y entender tu situación, recursos y bienestar. Revisa la sección "Aprende más" al final de este libro para más información.

Las ITS (infecciones de transmisión sexual): despertar a la realidad

El sexo es una parte natural y maravillosa de la vida. Y todo lo natural es bueno, ¿no? ¡No! Las ITS también son naturales. Estos bichos que generan infecciones han estado en este mundo casi tanto como los seres humanos. Se han adaptado en criaturas cada vez más sofisticadas y, si los dejamos, podrían compartir nuestra cama y nuestro cuerpo. ¡No podemos subestimarlos!

Usar protección es vital, no importa qué tipo de sexo tengas. Las ITS no discriminan según la actividad sexual. El consentimiento y la seguridad son lo más importante en todas las relaciones. Pero hay una buena noticia sobre las ITS: la mayoría pueden ser tratadas o controladas y, en algunos casos, incluso curadas. Por lo general son fáciles de detectar y casi siempre se pueden prevenir. También hay una noticia no tan buena: si no se detectan y tratan a tiempo, algunas ITS pueden poner tu vida en riesgo, pues varias no son curables o pueden causar infertilidad. Además, existen enfermedades que no generan síntomas físicos o generan muy pocos, lo cual dificulta su diagnóstico. Los fluidos corporales son una vía potencial para la transmisión de una, o más, ITS.

CONDONES: LA MEJOR BARRERA DE TODAS

Quizá ya lo has escuchado, pero vale la pena repetirlo: los condones pueden prevenir la transmisión de la mayoría de las ITS. Los condones proporcionan la mejor protección (y la más barata) disponible en el mercado hoy en día. Además sirven para todo el sexo penetrativo, incluyendo oral, anal y vaginal.

No existe una mejor pareja que los condones y el lubricante. ¡Y usarlos es muy divertido! Con un poco de imaginación, el lubricante a base de agua es una gran herramienta para el faje. Si eres alérgica, puedes conseguir condones de materiales distintos al látex; hasta puedes pedirlos por Internet (por lo que me han contado, el empaque es muy discreto).

"¿QUÉ QUIERO LOGRAR A FUTURO? ¿CUÁLES SON LOS TRES PRIMEROS PASOS PARA LOGRARLO?"

SÍNTOMAS Y PRUEBAS DE ITS

Mantener el contacto con tu cuerpo y darle la atención necesaria es fundamental. Si algo te preocupa, no dudes y acude al médico lo antes posible. Esta lista contiene síntomas muy generales que puedes buscar:

» Ardor o dolor al orinar.

» Secreciones genitales anormalmente olorosas.

» Dolor pélvico.

» Bultos, protuberancias o ampollas.

» Dolor anormal durante el sexo.

» Urticaria en manos, pies o estómago.

Hacerte pruebas para detectar ITS es tu responsabilidad y la decisión más saludable. No quiere decir que seas promiscua ni infiel. Cuando vayas a una clínica para una revisión completa, tendrás que someterte a un examen pélvico. Tomarán una muestra de mucosidades de tu vagina con un hisopo y lo mandarán a un laboratorio. Si tienes una llaga o úlcera, deberán tocarla para recolectar una muestra celular. Esto puede ser un poco doloroso pero debes ser valiente. Recuerda, tu doctor lo ha hecho incontables veces, entonces no hay por qué sentirse avergonzada. Las personas que te atiendan nunca deben juzgarte; deben ser amables, explicarte todo con claridad y no apresurarte.

Aunque los resultados de las pruebas indiquen que no tienes nada, no significa que te den permiso de tener sexo sin protección o que estés libre de cualquier infección. Algunas ITS no pueden ser detectadas tan fácilmente, así que no te arriesgues a transmitir una enfermedad, aunque no sepas que la tienes.

Hacerte las pruebas significa tomar la vía más responsable, incluso si tus resultados revelan alguna ITS en tu cuerpo. Ahora que posees esta información, puedes elegir qué hacer y buscar apoyo. Puedes tomar la iniciativa de minimizar las probabilidades de exponer a tus futuras parejas utilizando condones. Lo mejor es informarle a tu pareja que tienes una ITS antes de tener sexo. Cuida de tu salud y la de otros, tómalo como una invitación a cuidarte.

Esta lista te dará una idea muy básica de las ITS existentes. Puedes buscar información más detallada en línea o a través de un experto.

Clamidia: Es muy común entre la gente joven, es fácil de tratar y curable con antibióticos. Por lo general las mujeres no presentan síntomas (aunque los efectos en ellas son más graves que en los hombres). Puede causar infertilidad si no se trata oportunamente.

Gonorrea: Es muy común entre hombres que tienen sexo con hombres (no necesariamente hombres homosexuales). Es fácil de tratar y se cura con antibióticos, pero hay muy pocos síntomas, o ninguno si no tienes suerte. Si no se trata oportunamente, puede causar infertilidad.

Sífilis: Su tratamiento es muy sencillo y se cura con antibióticos. Sin embargo, si no se trata oportunamente, puede causar la muerte. Los síntomas pueden ir desde urticaria en las palmas, pies y torso, hasta úlceras o lesiones en los genitales. ¡No los ignores!

Herpes: Hay dos tipos. El herpes tipo I (lesiones en los labios o en la boca) y el herpes tipo II (en los genitales). Ambos se manifiestan como ampollas que se convierten en fuegos o lesiones y se transmiten por el contacto directo con la piel. El tipo I también puede manifestarse en tus genitales (¡auch!) y el tipo II puede ocurrir en el área de tu boca (¡puag!), lo cual puede suceder por el sexo oral. Es un virus muy, pero muy común. La mayoría de la gente ha estado expuesta a él sin saberlo. Puede ser controlado (mantener los brotes al mínimo) con un estilo de vida saludable, pero no se puede curar. El virus es para siempre.

Verrugas genitales/VPH: Se trata de una familia de verrugas o de virus del papiloma humano. No todas las cepas de este virus se manifiestan con verrugas; los más peligrosos son los más sigilosos, los que no presentan síntomas para nada. Algunas cepas provocan cambios en las células del cérvix (el cuello del útero) y pueden causar cáncer (una enfermedad muy grave y potencialmente mortal si no se trata de manera oportuna). El sistema inmune de algunas mujeres puede combatir el virus, pero no siempre es el caso. Existen vacunas que protegen a las mujeres contra varias cepas de VPH, pero incluso después de la vacuna es tu OBLIGACIÓN hacerte el Papanicolaou (el examen que muestra si las células alrededor del cérvix han cambiado para indicar la presencia de células cancerosas). La vacuna sólo sirve para algunas cepas de los virus que pueden causar cáncer cervicouterino. Si decides ponerte la vacuna, deberás ir al médico para recibir tres inyecciones en seis meses. ¡Mucho más sencillo (y mejor) que correr el riesgo de desarrollar cáncer cervicouterino!

Ladillas (piojos púbicos): Estos pequeños insectos se adhieren a tu vello púbico para hacer una fiesta en tus pantalones, sobre todo cuando tienes sexo. Pican tanto que no puedes evitar notarlos. El tratamiento es muy sencillo; sólo tienes que lavarte con un shampoo especial. No olvides lavar toda tu ropa de cama, ropa interior y pijamas con agua caliente.

VIH: El virus de la inmunodeficiencia humana (VIH) se transmite de persona a persona a través de la sangre y otros fluidos corporales, así como lesiones en la piel. No tiene cura. Sin embargo, cuando una persona es VIH positiva, el virus puede ser controlado con medicamentos para mantener su salud. Es como manejar una enfermedad crónica. El VIH puede llevar al SIDA, una condición muy grave que pone la vida en riesgo. Muchas veces, la infección no muestra síntomas evidentes durante periodos muy largos. Es imposible saber que alguien tiene VIH a simple vista. Los primeros signos de contagio pueden manifestarse como una gripa muy agresiva. La buena noticia es que se puede detectar con una sencilla prueba de sangre (o dos, para comprobar los resultados) doce semanas después de la posible exposición al virus, como haber tenido relaciones sexuales sin protección. La prueba de detección es confidencial y las personas que obtienen resultados positivos reciben apoyo inmediato. La profilaxis post exposición (PPE) son medicamentos especiales recetados para reducir las probabilidades de infección en caso de exposición reciente al virus. Es un método preventivo, no una cura. Una vez que la infección se ha llevado a cabo, la PPE no funciona. Además no es 100% efectiva y puede implicar efectos secundarios importantes. Acude a un médico para más información al respecto.

Hepatitis B: Se trata de un virus que puede enfermar tu hígado gravemente. Se transmite a través de fluidos corporales infectados. A veces, tu cuerpo puede eliminarlo utilizando las defensas de tu sistema inmune. Debes estar atenta a síntomas como cansancio excesivo y piel amarillenta. No existe una cura, pero hay tratamientos disponibles. La buena noticia es que ahora hay una vacuna contra ella (serie de tres inyecciones).

Tricomoniasis: Es una infección vaginal muy común que genera escozor e irritación en la vagina y secreciones vaginales olorosas. Si no se trata puede causar infertilidad. El tratamiento consiste en antibióticos.

"¿PUEDO SER HONESTA CONMIGO MISMA Y CON OTROS SOBRE LAS COSAS QUE REALMENTE IMPORTAN?"

MITOS SOBRE LAS ITS

MITO: Se puede saber cuando una persona tiene una ITS a simple vista.
REALIDAD: No se puede saber si una persona tiene una ITS (incluyendo VIH).

MITO: Si tengo una ITS lo sabré.
REALIDAD: No siempre puedes saber si tienes una ITS porque hay muchas que no generan síntomas que faciliten su detección.

MITO: No me puedo contagiar durante la primera vez.
REALIDAD: Puedes adquirir una ITS en cualquier relación sexual sin protección. Por supuesto, esto incluye la primera vez.

MITO: Si tengo sexo con gente saludable, no puedo contagiarme de una ITS.
REALIDAD: Mucha gente de hábitos saludables tiene ITS; algunas personas lo saben y otras no.

MITO: Los condones tienen hoyos y en realidad no previenen las ITS ni embarazos.
REALIDAD: Se ha comprobado que los condones son el método de prevención más efectivo contra las ITS. También son muy confiables para prevenir el embarazo.

MITO: Como estoy tomando la pastilla anticonceptiva, no puedo adquirir alguna ITS.
REALIDAD: La píldora (al igual que los demás métodos anticonceptivos hormonales) no ofrece protección contra las ITS.

MITO: Si sólo tenemos sexo oral, no puedo contagiarme ni transmitir una ITS.
REALIDAD: Es posible contagiar o adquirir una ITS a través del sexo oral.

MITO: Si me da una ITS, todos pensarán que soy una zorra.
REALIDAD: Las ITS no te hacen una "zorra". Ser honesta sobre tu salud es muy importante y demuestra que te preocupa tu salud y respetas a tus parejas sexuales.

¿QUÉ ES UNA INFECCIÓN DEL TRACTO URINARIO?

La infección del tracto urinario (ITU) afecta los órganos y las vías encargadas de crear, almacenar y expulsar la orina (uretra, uréteres, vejiga y riñones). Es una enfermedad muy común causada por bacterias (por lo general el *E. coli*) que se transmiten desde tu ano, entran por la uretra y escalan hasta la vejiga y en ocasiones hasta los riñones.

Los síntomas de una ITU suelen incluir:

» Muchas ganas de orinar sin poder hacerlo.
» Ardor o dolor durante la micción.
» Orina de color lechoso o más oscuro y de aroma anormal.
» Dolor en la espalda baja, similar a un desgarre muscular.
» Escalofríos y posiblemente fiebre.
» Dolor abdominal y pélvico

Con frecuencia, las chicas adquieren una ITU por tener relaciones sexuales. Esto sucede por la cercanía entre la uretra y el ano en las mujeres. La uretra es relativamente pequeña, pero las bacterias del ano pueden entrar al tracto urinario con bastante facilidad.

Existen ciertos pasos para prevenir las ITU. Cuando orines, límpiate de adelante hacia atrás y no al revés. Toma mucha agua. Evita usar ropa interior sintética o ropa muy apretada en el área de la ingle. Intenta orinar poco tiempo después de tener sexo, pues ayuda a deshacerte de muchas bacterias presentes en la uretra antes de que puedan entrar.

Es importante tratar una ITU lo antes posible. Si se complica, puede causar problemas más graves como una infección en los riñones. Muchas ITS se pueden confundir con una ITU, así que acude al médico. Para el diagnóstico, necesitarás dar una muestra de orina. Una simple dosis de antibióticos puede ayudar a eliminar la infección en poco tiempo. Comer saludablemente y tomar mucha agua es muy bueno para tu drenaje interno.

PREGUNTAS DIFÍCILES

P   ¿Puedo usar vaselina, crema o aceite vegetal como lubricante?

R   Los aceites y la vaselina debilitan los condones y hacen que se rompan con mayor facilidad. Utiliza lubricante especial para este propósito.

P   Si no tenemos condones a la mano, ¿usar el plástico adherible de cocina para guardar comida sirve como protección?

R   El plástico de cocina es totalmente inservible como barrera para embarazo e ITS.

P   Si llevo condones conmigo la gente va a pensar que soy una zorra, ¿no?

R   Llevar condones contigo es ser inteligente; significa que eres considerada y tienes conciencia. Si tienes sexo sin protección podrías terminar con una ITS o un embarazo no planeado. Y todo por no llevar condones.

P   Si mi novio se retira antes de venirse, ¿me puedo embarazar?

R   El método del retiro es muy poco efectivo para prevenir el embarazo. Si en verdad no quieres terminar con un bebé en brazos muy pronto, reconsidera y elige una opción anticonceptiva más confiable.

P   ¿Los tampones pueden bloquear el semen y evitar el embarazo?

R   No tengas sexo mientras estés usando un tampón. Además de no ser seguro, podrías lastimarte. No sirve de nada en términos anticonceptivos.

Capítulo 7

Vivir
segura

"Las chicas no quieren sentirse vulnerables, pero a veces sucede."

"Poco a poco comenzó a aislarme de los demás. No podía hablar con mis amigos; se molestaba cuando hablaba con otras personas. Las cosas se pusieron muy mal y cuando intenté alejarme comenzó a golpearme. Estaba muy asustada y paralizada."

"Mi amiga dijo que todo iba muy bien hasta que su novio comenzó a exigirle cosas y que siempre estuviera a su lado. Ella tenía miedo de salir con nosotras por si él se enteraba y enojaba. Se veía tan lindo al principio. ¿Quién hubiera pensado que algo tan bueno podría terminar tan mal?"

LA VERDAD ES QUE MUCHAS CHICAS EXPERIMENTAN DEMASIADA PRESIÓN para tener sexo y terminan haciendo cosas que no quieren. En la vida a veces debemos ser fuertes y defendernos ante la presión. Es muy importante saber qué es correcto para ti. Cuando se trata de decisiones personales como tener sexo, sólo puedes confiar en ti misma y en tu fuerza interior para saber y actuar de la mejor manera. Puedes acercarte a las personas que te quieren y te cuidan para recibir el apoyo que necesites en el camino.

Hay muchas reglas sobre sexo para mantener a las personas seguras en todo momento. Desafortunadamente, a pesar de las leyes y reglas, muchas chicas experimentan abuso. Si te ha sucedido o te está ocurriendo ahora, debes saber qué hacer para recuperar tu fuerza y sentirte segura de nuevo. Aunque es algo que puedes y debes lograr tú misma, mereces el apoyo de cualquier persona o institución. No te quedes callada, pide la ayuda que necesitas. Tienes derecho a recuperar el control de la situación. Ninguna experiencia de abuso es tu culpa, tú no la creaste, pero sí tienes el poder de aceptar el apoyo para cambiar las cosas.

Chicas poderosas

¿Alguna vez has sentido, mientras ves una película de terror o suspenso, que algo muy malo va a pasar? Simplemente lo sabes. La misma sensación ocurre cuando estás en una situación o en un lugar inseguro. Lo sientes y oyes una voz interior decir: "No estoy cómoda. Esto es inseguro. Debo salir de aquí". Si en algún momento experimentas esta aterradora sensación, escucha a tu voz interior. Si necesitas hacerlo, di en voz alta y con mucha claridad: "No", "déjame" o "me voy de aquí".

Es algo que puedes practicar. Hazlo ahora mismo. Respira y di "No" con fuerza. Sube el volumen y dilo otra y otra vez. ¿Qué se siente decir que no? Practícalo en tu recámara, en la ducha, de camino a la escuela; hazlo en cualquier lugar privado. Si es necesario, dile a la gente a tu alrededor que lo estás practicando. Es bueno ensayarlo frente a otras personas. Cuando te enfrentes a ese sentimiento aterrador, no puedes darte el lujo de quedarte callada. Si en verdad quieres decir no, hazlo. Te saldrá natural.

"¿PUEDO IDENTIFICAR EJEMPLOS DE ESTAS REGLAS EN MI VIDA DIARIA?"

REGLAS DEL AMOR

R Responsabilidad

E Educación

G Garantías (derechos)

L Leyes

A Atención

S Seguridad

Las reglas del amor existen para mantener la seguridad de las personas y para asegurar que todos los individuos cumplan con sus responsabilidades, tengan acceso a información y educación sobre su salud, el derecho de exigir el cumplimiento de las leyes y atención especializada de ser necesario. Tus derechos incluyen:

» Libertad de elegir.
» Atención, protección y cuidado.
» Acceso a la información.
» Equidad y no discriminación.
» Calidad de vida.
» Derecho a la participación social.
» Respeto.

TUS SÚPER PODERES

Tienes súper poderes secretos. ¡Es en serio! Si te concentras, tu cuerpo puede hacer muchísimas cosas para entrar en contacto con tu poder personal. Si aún no lo crees, haz la siguiente prueba (necesitarás ayuda de una amiga).

Paso 1: Párate con un brazo levantado para formar un ángulo recto respecto a tu cuerpo.

Paso 2: Pídele a tu amiga que intente empujar y doblar tu brazo hasta tu costado. Utiliza tus músculos para resistir. ¿Resulta difícil?

Paso 3: Inténtalo de nuevo, pero esta vez concéntrate mucho e imagina una línea de acero desde el piso, pasando por tus pies y hasta la punta de tu brazo levantado. No dejes de imaginarlo mientras respiras por el estómago.

Paso 4: Pídele a tu amiga que empuje tu brazo de nuevo mientras te resistes. ¿Sintieron una diferencia? ¿Te resultó más fácil mantener el brazo levantado y resistir la segunda vez? ¿Fue más difícil para tu amiga empujar tu brazo hacia abajo? Tu brazo y tu fuerza fueron iguales en ambas ocasiones y, sin embargo, fuiste más poderosa a la segunda.

Cuando usas tu concentración e imaginación, sacas tu poder interno para volverte más fuerte. Si practicas estas dos cosas puedes mejorar tu fuerza y ser mucho más poderosa a la hora de cuidarte y protegerte, sobre todo en situaciones peligrosas en las que te encuentres sola.

Puedes hacer ciertas cosas para ser más fuerte y siempre tener el control cuando sales con alguien.

» Salir con alguien no significa que tendrás sexo. Una cita no es una promesa de sexo.

» Procura salir en grupo, o al menos con una amiga en quien confíes. De ese modo podrán cuidar la una de la otra si las cosas se complican.

» Siempre lleva tu celular cargado y con crédito suficiente.

» Lleva suficiente dinero para regresar a casa en taxi de ser necesario.

» Ten cuidado con qué personas invitas a tu casa; piensa dos veces antes de ir a la casa de alguien más. La mayoría de los abusos suceden en casa.

» Compra tus propias bebidas. Si permites que un tercero controle tus bebidas, es más fácil que les añadan sustancias con el fin de hacerte sentir mareada, adormilada o peor. Nunca dejes tu trago; cualquiera podría echarle alguna droga.

» Confía en tu voz interior. Si te saca de onda, te da miedo o te parece asqueroso, probablemente lo es. No te quedes ahí. Di no y vete.

» Eres libre de coquetear, pero debes reconocer los límites y saber si tu coqueteo está siendo interpretado correctamente por la otra persona. Si notas que busca algo distinto, dilo. Debes estar consciente de la situación, detenerte, e incluso irte, si lo consideras necesario.

» Aprende a escoger a los hombres. Debe tratarte con respeto desde el principio. Si te maltrata cuando te quiere conquistar, no va a mejorar con el tiempo. Todo irá en picada a partir de ese momento. Si no empezaron muy alto, imagina qué tan bajo podrían llegar.

» No te dejes engañar por frases trilladas y falsa coquetería. Mientras más complicada y rimbombante suene la frase, hay más probabilidades de que la haya usado antes: que si te lastimaste al caer porque eres un ángel o que te ves cansada por estar dando vueltas en su cabeza, líneas así de originales. Al final él se olvidará de ti y tú de él.

» No toleres ningún tipo de soborno o manipulación (del tipo "Te compro un trago si me das un beso"). Concéntrate en tu poder y en lo que consideras correcto para ti. Si alguien intenta presionarte, utiliza tus propias frases ensayadas e ingeniosas para salir de la situación.

Lo más importante es cuidar de ti y de tus amigas. Si te sientes incómoda o presionada, ve a casa (tu casa, por supuesto).

"¿PUEDO HABLAR CON MIS AMIGAS
SOBRE LA SEGURIDAD DURANTE LAS CITAS?
¿PODEMOS CONTAR UNAS CON OTRAS
PARA APOYARNOS?"

Relaciones abusivas

El comportamiento abusivo puede ser de muchos tipos y formas desagradables, como:

A Agresión y violencia física.

B *Bullying*: culpar, discriminar, minimizar, negar.

U Usar el "amor" para controlar.

S Sexo forzado, violencia sexual.

I Intimidación.

V Violencia verbal.

O Obligar por razones económicas, dinero.

Un chico puede abusar de ti sin necesariamente tocarte. Si alguien intenta controlarte, coaccionarte, comprarte, manipularte, intimidarte, amenazarte, minimizarte de cualquier forma o privarte del apoyo y amor de las personas que te quieren, eso es abuso.

Una persona abusiva suele vigilar todas tus acciones y culparte por su comportamiento abusivo. También se burla de ti, evita que veas a otras personas y te critica en todo momento. No intentes cambiar a una persona así, no funcionará. Lo que sí puedes cambiar es la situación.

Si estás en una relación abusiva HABLA:

H Habla con alguien de confianza.

A Actúa rápidamente y consigue apoyo.

B Busca una salida; no vale la pena quedarte con esa persona.

L Levántate; eres suficientemente fuerte como para manejarlo.

A Apoyo; mantente cerca de las personas que te quieren. No estás sola.

EL CICLO DE LA VIOLENCIA

La violencia muchas veces atrapa a las chicas en relaciones abusivas. La gente propensa a abusar de sus parejas con frecuencia elige a una persona "débil" para mantenerla atada en esta situación. La violencia se construye de manera consciente para ejercer el control sobre la otra persona. Este abuso puede estar dirigido de manera que no siempre parece evidente. Sin embargo, mantiene a esta persona intimidada y asustada. Los sobrevivientes del abuso muchas veces se convencen de que su pareja no puede controlarse. No obstante, una persona abusiva siempre sabe lo que hace y puede modular este comportamiento. Quizás intente convencerte de que no puede vivir sin ti y que sólo tú puedes ayudarlo. Los peligros de quedarse en una relación así son demasiado graves para la mayoría de las chicas que experimentan abuso. Si en algún momento le tienes miedo a tu pareja o siempre estás alerta para mantener la paz y evitar una de sus reacciones, probablemente te encuentres en una relación abusiva. Si crees que éste puede ser tu caso, busca las siguientes señales:

1. ETAPA DE TENSIÓN

TE SIENTES: Ansiosa, preocupada, como si algo estuviera a punto de estallar, nerviosa, inquieta.

ABUSO: Manipulación, intentos por controlarte, hacer cosas para lastimarte.

2. ETAPA DE EXPLOSIÓN

TE SIENTES: Aterrada, paralizada, inmovilizada.

ABUSO: Gritos, violencia, golpes y amenazas de lastimarte y controlarte de alguna manera.

3. ETAPA DEL REMORDIMIENTO

TE SIENTES: Asustada, aliviada, enternecida, tienes dudas y ganas de perdonar.

ABUSO: Regalos (sobornos), promesas de nunca más hacerlo, rogar porque no lo dejes, temor a que lo denuncies o lo cachen.

REGRESAR AL 1 Y COMENZAR DE NUEVO...

...es que te hacen menos o que te están controlando, si tu autoestima está por los ...te sientes incómoda, impotente o desesperada en una relación, probablemente no es ...Recuerda: HABLA (un poco más arriba). Necesitas reconocer las señales y actuar para ...ar la situación de abuso. Si otras personas comentan que estás en una relación abusiva, ...escucharlas. Busca apoyo y consejos.

"¿CON QUIÉN PUEDO HABLAR SI NOTO UN PATRÓN DE ...USO EN MI VIDA O EN LA DE UNA AMIGA O AMIGO?"

...lación: llámala por su nombre

...n un chico y creo que bebí demasiado. Recuerdo que me sujetó en la cama y tuvo sexo ...o. No sé qué debo hacer; estoy muy confundida y asqueada."
...er una cita no significa que quieras ni planees tener sexo al final. Cuando sales con alguien ...una manera te presiona o te intoxica para tener relaciones sexuales, es violación. La mayo-
...s casos que ocurren durante citas son entre personas que ya se conocen. La violación es ...de poder, no de sexo.
...guna vez te ha sucedido, debes hacer lo siguiente:
...Reconoce que no es tu culpa. Nada de lo que hiciste se puede interpretar como una ...nvitación a ser abusada, agredida o violada. Confiaste en una persona y ésta te obligó a ...hacer algo contra tu voluntad. No te culpes a ti misma.
...Reconoce tus sentimientos. Quizá te sientes en shock, herida, culpable, avergonzada, ..."sucia", invadida, enojada. Tus emociones tienen todo el derecho de estar ahí y cambiarán ...con el tiempo.
...Solicita apoyo. Cuándo y cómo hacerlo depende de ti. A veces es más fácil pedir ayuda lo ...más pronto posible. Habla con alguien en quien confíes: puede ser un consejero, alguien ...de la policía, un abogado, amiga o miembro de la familia. Si crees que no puedes hablar ...ara a cara en ese momento, también hay líneas de atención telefónica. Tienes derecho a ...odo el apoyo y atención que requieras en cualquier momento.
...Ve al médico. Acude a una clínica para que te informen sobre el riesgo de contraer una ...TS o VIH, así como para realizarte las pruebas. Los médicos te pueden proporcionar ...anticonceptivos de emergencia y discutirán contigo la opción de recuperar evidencia ...física. Quizá no quieras denunciar a tu atacante en ese momento, pero tener la evidencia ...necesaria para complementar tu caso puede ser de mucha ayuda si cambias de parecer.
...Consulta y aprende de tus derechos. Tal vez quieras levantar cargos, tal vez no. Otra ...opción es tramitar una orden de restricción para que esa persona no se pueda acercar ...a ti. Considera tus opciones. Solicita asesoría.

...enes menos de 16 años, es importante que le digas a alguien sobre el abuso. Recuerda que ...entre una persona mayor de edad y una menor de edad es ilegal. Cuéntale a tus padres, ...o a un adulto confiable. Puedes llamar al Centro de Terapia de Apoyo a Víctimas de Delitos ...s de la Procuraduría General de Justicia, siempre habrá alguien dispuesto a hablar contigo

En la red y en la realidad

En Internet convives con otras personas reales: con sus personalidades, deseos, fuerzas, debilidades y verrugas (tanto visibles como invisibles). La comunicación virtual requiere desarrollar varias habilidades. Muchas veces, conocer y convivir con alguien en la red se siente como una "relación" completa, como amor verdadero. Internet genera la impresión de que las relaciones son exclusivas y de que no existe nadie más en el mundo además de ustedes dos. Puede ser súper emocionante y hay una gran intensidad y química en el tiempo y mensajes compartidos. Las relaciones en línea pueden ser excitantes en la realidad y tu cuerpo pasa por la misma respuesta hormonal que sentiría si se conocieran cara a cara. Quizá no tengas sexo físicamente, pero la promesa se siente en el aire. Lo mejor es que es "instantáneo" y "verdadero"; sus conexiones se encuentran en una fracción de una fracción de segundo. La otra persona parece amorosa, generosa, cariñosa, ¡y siempre dice las cosas correctas en el momento preciso! Excepto porque en realidad no se conocen…

Conectarte desde la comodidad de tu cuarto puede ser divertido… y aterrador. La desagradable realidad es que hay muchísimas personas raras o con malas intenciones en la red. Pueden parecer totalmente normales (sobre todo en Internet), pero tal vez habrán mentido mucho para presentarse ¡y para verse sexy! Las chicas inteligentes (como tú) deben saber qué decir y qué no en línea, pueden confiar en sus instintos y saber cuándo es hora de bloquear a alguien.

En conclusión, en Internet no puedes evaluar a una persona frente a frente; es muy fácil malinterpretar lo que nos escriben porque no hay lenguaje corporal para corroborarlo o descubrir la verdadera intención detrás de las palabras. Te pueden mandar cosas que no quieres o no pediste, puedes revelar demasiado de ti con tan sólo tocar un botón y puedes perder el control sobre lo que sea que hayas enviado. Todo lo que subas a Internet puede ser usado por otras personas, nunca lo olvides.

Hoy en día demasiadas personas se comunican en línea en lugar de cara a cara, lo cual no es saludable. La gente miente mucho en línea. ¿Cómo saber que alguien miente? Algunas personas lastiman a otras a través de fraudes y trucos utilizando sus datos personales; otras emplean la red para acosar y abusar de gente joven. El anonimato les permite hacer cosas ilegales y terribles, como trata de personas o contactar a niños o jóvenes para "entablar una amistad" y abusar sexualmente de ellos (a esto se le conoce como *grooming*).

Para navegar con seguridad:
- » No creas todo lo que lees. Tal vez tú seas honesta y confiable, pero no sabes si los demás lo son.
- » Nunca des datos personales, como tu nombre real, tu dirección, número de cuenta bancaria, teléfono celular o de casa, a qué escuela vas o dónde trabajas.
- » Si alguien te pide que le des tus datos, no lo hagas.
- » Nunca aceptes conocer cara a cara a una persona que conociste en el mundo virtual. Si decides hacerlo, nunca vayas sola a la cita. Lleva a un amigo y establezcan un lugar público como punto de reunión.

- » Cuéntale a algún amigo virtual que otras personas saben quién eres en Internet. Analiza su reacción.
- » No dejes que nadie te tome fotos ni que las suba a la red.
- » No lo hagas en secreto; que por lo menos una persona de tu vida real sepa de tus contactos.
- » Si te mandan porno o mensajes insultantes, no respondas. Contacta al proveedor del servicio y repórtalo.

"¿QUÉ PUEDO HACER PARA MANTENERME EMOCIONALMENTE FUERTE Y SEGURA?"

Cortar y terminar

Aunque parezca difícil, hay veces que las relaciones deben terminar. El mundo está lleno de cambios, en todos lados y todo el tiempo. No se trata de detenerlo (es imposible), sino de aprender a lidiar con el cambio, ser fuerte, valiente y tener la integridad y habilidades personales suficientes para aceptar que, a veces, cambiar significa terminar una relación.

Si cortas con alguien:
- » Sé amable y mantén tu integridad.
- » Encuentra tus razones y una manera de explicarlas.
- » Crea espacio entre ustedes; no se vean durante un tiempo.
- » Puedes estar abierta a ser amigos, pero más adelante.
- » Hazlo cara a cara, no mandes un mensaje o un correo.
- » Di cosas buenas de tu ex.
- » Respeta lo que tuvieron, no cuentes chismes sobre su relación.

Si alguien corta contigo:
- » Estés lista o no, es tiempo de dejarlo ir. Llorar y decir que no es justo puede parecer cierto y real para ti, pero poco a poco entenderás por qué no hubiera funcionado y que lo injusto hubiera sido seguir juntos.
- » No pierdas la calma, respira y tranquilízate.
- » Escucha aunque no estén de acuerdo.
- » Intenten acordar ser amigos más adelante, si les parece una buena idea.
- » Acuerden darse tiempo y espacio.
- » Expresa tus emociones.
- » Puedes llorar pero al final debes dejarlo ir.
- » Llama a alguna amistad para que te brinde su apoyo.

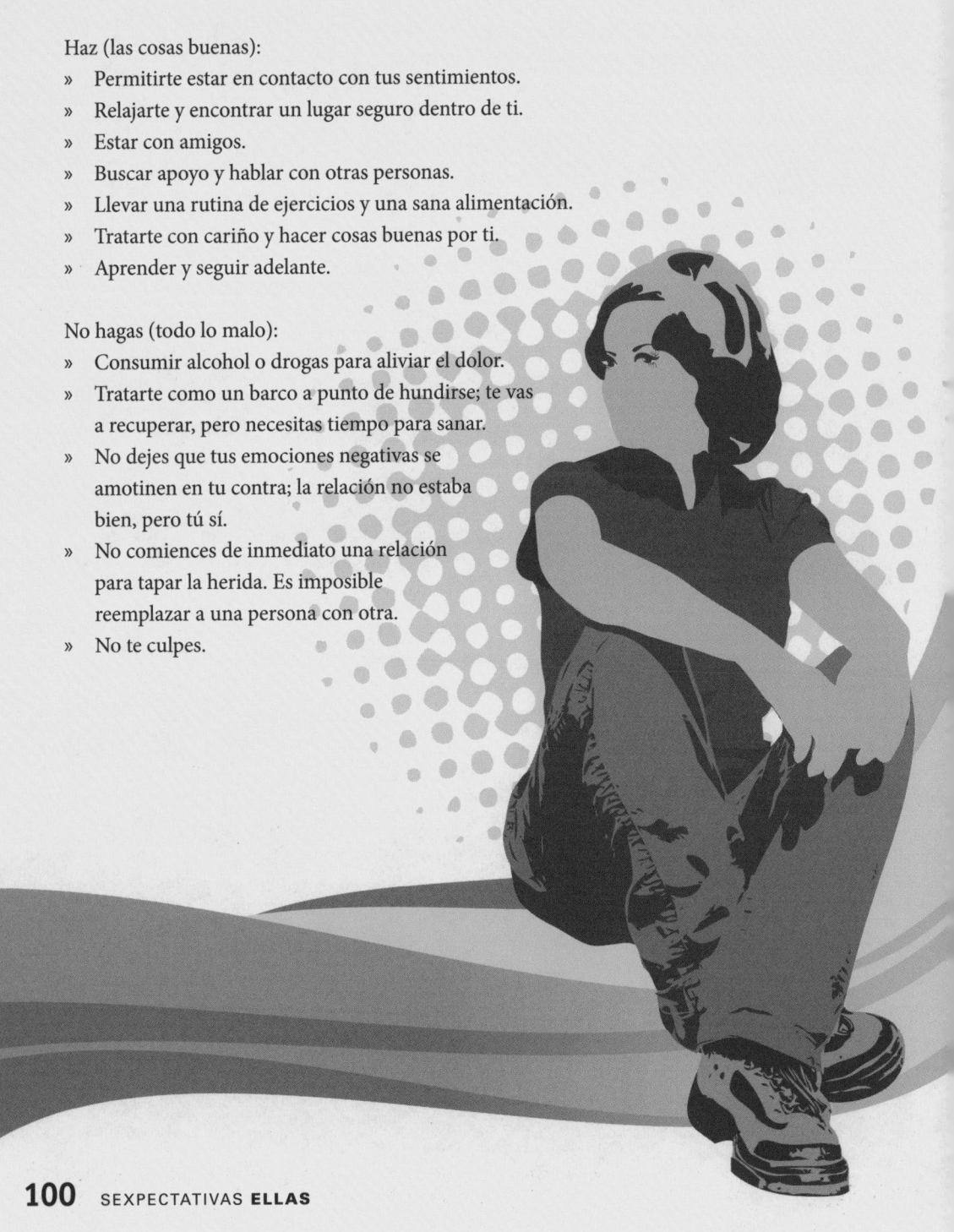

Llorar es una gran manera de liberar emociones y comenzar el proceso de recuperación sentimental. Lidiar con un rompimiento requiere algunas estrategias saludables:

Haz (las cosas buenas):

» Permitirte estar en contacto con tus sentimientos.

» Relajarte y encontrar un lugar seguro dentro de ti.

» Estar con amigos.

» Buscar apoyo y hablar con otras personas.

» Llevar una rutina de ejercicios y una sana alimentación.

» Tratarte con cariño y hacer cosas buenas por ti.

» Aprender y seguir adelante.

No hagas (todo lo malo):

» Consumir alcohol o drogas para aliviar el dolor.

» Tratarte como un barco a punto de hundirse; te vas a recuperar, pero necesitas tiempo para sanar.

» No dejes que tus emociones negativas se amotinen en tu contra; la relación no estaba bien, pero tú sí.

» No comiences de inmediato una relación para tapar la herida. Es imposible reemplazar a una persona con otra.

» No te culpes.

PREGUNTAS DIFÍCILES

P ¿Qué hago si me están acosando en la red?

R No respondas ni te relaciones con esa persona de ninguna manera. No es fácil, pero lo que le interesa son tus reacciones, no le des lo que quiere. Guarda todos los correos electrónicos o mensajes en un fólder separado (si las cosas se complican, pueden servir de evidencia contra tu acosador). Si persiste podría meterse en muchos problemas. Envía un correo a tu servidor y dales la cuenta del abusador. Si reciben suficientes quejas pueden cerrar su cuenta de manera definitiva. Busca apoyo y cuéntale a un adulto de confianza. Es muy importante solicitar ayuda. También puedes consultar las páginas sobre *ciberbullying* en tu país. A veces es demasiado fácil esconderse en Internet, lo cual hace que la gente se comporte de manera superficial, insensible o desconsiderada, lo cual puede ser doloroso. También hay personas que disfrutan jugar con la mente de otros en la red. Por eso es importante tener una vida fuera del mundo virtual.

P Si estoy a punto de tener sexo y cambio de parecer, ¿me pueden llamar "calienta huevos"?

R Lo único importante es ser honesta contigo misma. Puedes cambiar de parecer en cualquier momento. No toleres ese tipo de insultos; que te llamen "calienta huevos" o algún término similar es una forma de sobajarte. Defiende tu derecho a tomar decisiones. Tienes tantas razones para decir no, como para decir sí, y todas son válidas. Sin embargo, no estás obligada a darle explicaciones a nadie.

P Mandé una foto de mí desnuda al celular de mi novio. Me dijeron que es ilegal, ¿es verdad?

R Los teléfonos celulares se han convertido en un medio de comunicación muy importante para los jóvenes; sin embargo, enviar mensajes sexualmente explícitos o fotos de ti u otras personas desnudas puede ser ilegal, según las leyes de tu país o región, y puede tener consecuencias muy serias. Mucha gente joven malinterpreta las leyes relacionadas con el sexo por mensaje de texto o *sexting* y creen que es una manera de coquetear y divertirse. Sin embargo, en ciertos países hay leyes que establecen una multa o un cargo más serio para quienes se toman una foto y la mandan a otras personas. Las fotos tomadas con un teléfono celular, ya sea que se hayan enviado o no, han sido utilizadas como evidencia en juicios relativos a pornografía infantil. Algunos jóvenes han sido declarados agresores sexuales por actividades que involucran fotos sexuales o de personas desnudas tomadas y enviadas vía celular.

Nunca subestimes las consecuencias negativas de que alguien tenga una foto sexual de ti. Pueden enviarla a otras personas o subirla a Internet, lo cual significa que tu familia, escuela, amigos, extraños y futuros empleadores tendrán acceso a esta imagen. Si llega al ciberespacio, estará fuera de tu control para siempre. Debes reconocer que enviar esa foto a tu novio fue un error de criterio de tu parte. Pídele que la borre de su teléfono y computadora. Si la situación se sale de control, solicita apoyo. No creas que no mereces ayuda y comprensión de la gente a tu alrededor.

Cuidar de tu futuro

"¿Qué puede esperar una chica? ¡Respeto!"

¿QUÉ QUIERES VIVIR EN UN MES, EN UN AÑO, EN CINCO AÑOS? ¿Qué deseas tener en tu vida dentro de diez años? Es difícil imaginarlo. A veces resulta complicado pensar qué pasará la próxima semana. Sin embargo, las decisiones que tomes pueden ayudarte a construir un futuro del que te sientas orgullosa y pueden empoderarte para tener el mejor futuro. Estas decisiones repercutirán en tu educación, trabajo, relaciones familiares, de pareja, sexuales y amistosas en el presente y probablemente en el futuro. Casi todos tenemos una idea de cómo nos gustaría ser en el futuro en términos de familia, amigos y respecto a las personas especiales de nuestra vida. En ocasiones lo que queremos no tiene nada que ver con las experiencias laborales o vivenciales de otras personas según nuestra perspectiva actual. Antes de responder la típica pregunta "¿Qué quieres ser de grande?", debes hacer mucha investigación y tener mucha experiencia de prueba y error. No obstante, muchas de las decisiones que tomes hoy repercutirán en tu futuro. Si quieres ampliar tu perspectiva, quizá puedas preguntarle a un adulto confiable sobre su experiencia: "¿Qué querías cuando tenías mi edad?" Tal vez la respuesta te sorprenda. Entender tu posición y tu vida actual puede ser un gran punto de partida para vislumbrar cómo será tu vida más adelante. Sugiero que escribas tres cosas que quieres lograr en distintos momentos, por ejemplo: en uno, dos y cinco años. Puedes partir de ahí. Guarda tu lista de logros en un lugar especial y mírala cada cierto tiempo. ¿Estás haciendo lo necesario para llegar a donde quieres ir? Recuerda mantener tu mente y opciones abiertas.

Cuidar de tu salud

Ésta es la aburrida pero importante sección donde hablamos de todo lo que debes saber sobre el cuidado de "tus partes". Le verdad es simple: si sabes, puedes elegir; si no, no puedes. ¿Qué prefieres? Consulta a tu doctor para saber más de estos temas. A continuación explicamos algunos detalles básicos que vale la pena conocer.

PAPANICOLAOU

Es un examen realizado para comprobar la presencia de células precancerosas o anormales en el cuello del útero. Recuerda que el cérvix o cuello uterino se encuentra en la parte superior de tu vagina y es la entrada al útero. La distancia entre el cuello y la entrada de la vagina suele ser más o menos tu dedo medio. Si insertas un dedo en la vagina y tocas el cérvix, sentirás algo similar a tocar la punta de tu nariz.

¿Por qué debes hacerte esta prueba? El riesgo de desarrollar cáncer en el cuello del útero se reduce considerablemente si llevas a cabo este examen con cierta regularidad. Si las células anormales se detectan oportunamente, es posible monitorearlas y tratarlas de ser necesario. Todas las mujeres entre 18 y 70 años deben hacerse un Papanicolaou de rutina cada dos años.

¿Qué genera las células anormales? Las infecciones como el "virus de las verrugas" (VPH) suelen ser las culpables. En México, la vacuna para prevenir VPH se aplica desde los once años en centros de salud. Investiga dónde pueden aplicarte la vacuna y cuánto cuesta en tu estado o región.

¿Cómo funciona el Papanicolaou? Tu doctor tendrá que introducir un instrumento al cuello de tu útero. Debes acostarte en la mesa de exámenes con las rodillas hacia arriba. Es una posición un poco incómoda para una chica, pero recuerda que tu médico ha visto cientos (incluso miles) de vaginas y por eso es un experto. Esta persona debe ser clara, amable y tiene que hacerte sentir segura, cómoda y sin prisa.

Tu doctor insertará un plástico especialmente diseñado o un instrumento metálico conocido como "pico de pato" (un espéculo que se parece, precisamente, al pico de un pato), muy lentamente y con mucho cuidado. Esto le permitirá ver la parte superior de tu vagina. Recuerda que es muscular, flexible y tiene pocas terminaciones nerviosas, así que procura respirar constantemente y relajarte. Tal vez se sienta raro (¡y seguramente muy fresco por la repentina corriente de aire!) pero, si relajas los músculos de la pelvis, no debe doler. Tu médico tomará un pequeño cepillo con un mango muy largo para recolectar células cervicales, las cuales mandará a un laboratorio para realizar el análisis. No debe doler para nada.

Además, puede echar un vistazo rápido para comprobar que todo esté en orden. Al final, sólo hay que retirar el espéculo y listo, ¡tendrás tus resultados muy pronto!

También pueden hacerte una revisión pélvica insertando un par de dedos (con guantes, claro) en tu vagina y presionando los huesos de la pelvis y del abdomen bajo para detectar bultos o dolor. No te preocupes, tu doctor sabe lo que hace. Si sientes dolor o incomodidad es muy importante que lo digas. Finalmente, podrás levantarte de la mesa, vestirte y preguntar cómo puedes obtener los resultados del Papanicolaou y qué otros exámenes podrías necesitar.

"¿QUÉ COSAS POSITIVAS PUEDO NOMBRAR DE MI CUERPO? ¿CÓMO PUEDO CUIDARLO PARA TENER UN FUTURO SALUDABLE?"

¿SABÍAS QUE...?
La palabra pelvis en latín significa "vasija", porque la cavidad pélvica tiene esa forma.

SENOS Y SENSIBILIDAD: ESTAR EN CONTACTO CON TUS SENOS

Seguramente conoces los casos de mujeres famosas, como Kylie Minogue, que vencieron el cáncer, se recuperaron por completo después del tratamiento y pudieron retomar sus exitosas vidas. ¿Cómo lo lograron? ¡Lo detectaron a tiempo! Hay muchísimos casos de mujeres que se enteran demasiado tarde, enferman gravemente y a veces mueren. Es esencial saber cómo revisar tus senos. Después de todo, nadie los conoce mejor que tú.

Tus senos experimentan cambios constantemente, pero si los tocas con regularidad, sabrás qué es normal y qué no. Sigue estos pasos:

» Párate frente al espejo sin brassiere o blusa. Es normal que uno de tus senos sea ligeramente más grande que el otro, así que no te fijes demasiado en eso. Revisa si hay algún bulto visible. Mira la piel de cerca, revisa que no tenga textura de naranja (no es bueno) y asegúrate de que no haya secreciones de los pezones (tampoco es buena señal).

» El área de tus senos llega hasta debajo de la axila, incluye la parte inferior y superior y alcanza el esternón (el hueso a la mitad de tu pecho), luego hacia arriba hasta la clavícula (el hueso que sobresale abajo del cuello). Tócate.

» Comienza con tu brazo derecho sobre tu cabeza. Coloca tu mano izquierda estirada sobre el seno derecho y usa la parte plana de tus dedos, entre las yemas y la palma, para revisarlo. Presiónalo con firmeza, así podrás detectar anomalías. Palpa tu seno desde el pezón (no te preocupes, eres tú) hasta la axila. Es muy importante tocar cada área para tener una idea precisa de cómo se siente cada una y qué es normal y qué no.

» Cambia de lado y revisa el seno izquierdo con tu brazo izquierdo sobre la cabeza y usando la mano derecha. ¡Así de fácil!

¿Cuándo debes hacerlo? Las hormonas pueden hacer que tus senos se sientan "más bultosos" de lo normal antes y durante tu periodo. Haz tus revisiones una vez al mes después de la menstruación. Si lo haces en la ducha te aseguras de estar en privado. El jabón puede facilitar las cosas, pues reduce la fricción de tus manos sobre la piel.

¿Qué pasa si encuentras un bulto? Encontrar un bulto no es razón para entrar en pánico. Las probabilidades de que no sea cáncer son 9 de cada 10. Si lo es, entonces debes alegrarte de haberlo detectado a tiempo, pues el tratamiento puede ser muy exitoso. Sin embargo, debes consultar a tu médico siempre que encuentres un bulto. Por todo esto es muy importante revisar tus senos con regularidad.

Cuidar de tu fertilidad

Tal vez creas que no quieres hijos ahora o más adelante, pero de todas maneras es importante cuidar tu salud por si cambias de parecer. A lo mejor en este momento no te interesa ir a la universidad, pero quizá te convenga tener buenas calificaciones por si de pronto te das cuenta de que existe una carrera perfecta para tu vocación y cumplir tus sueños. Se trata, pues, de mantener tus opciones abiertas y conservar cierto espacio para cambiar de opinión y tomar distintas decisiones a lo largo de tu vida. Una de esas cosas puede ser elegir tener hijos. Ten en mente que tu fertilidad (las probabilidades de concebir un bebé de manera natural) disminuye significativamente con el paso del tiempo, a la mitad y finales de tus 30 años. Algunas mujeres tienen hijos a los 40, pero los riesgos de salud para ellas y su bebé es mucho mayor. Así que mantén tus opciones abiertas. Si desde ahora sabes que tener bebés es parte de tu plan, piensa en la edad perfecta para tenerlos, no muy pronto y no demasiado tarde, sino en el momento ideal para ti. Las ITS mal tratadas (o ignoradas) pueden causar infertilidad (incapacidad para concebir de manera natural) o pueden causarle enfermedades al bebé al momento de nacer.

La realidad es que incluso las chicas más cuidadosas pueden contraer una ITS. La razón es que muchas (como el herpes o el VPH) pueden transmitirse por el contacto con la piel durante el sexo. Otras ITS se contagian al intercambiar fluidos corporales como sangre, semen y fluido vaginal. Las actividades sexuales como el sexo oral también son una vía de transmisión del herpes.

Si detectas secreciones vaginales olorosas, bultos, dolor en la pelvis, comezón, dolor cosquilleante o punzante en tus genitales, debes acudir al médico inmediatamente. Algunas ITS son engañosas porque no implican síntomas evidentes, así que no puedes saber si están dañando tu cuerpo. Es por eso que debes aprovechar tu visita a la clínica por tu Papanicolaou de rutina para realizarte pruebas de ITS. Pero no esperes demasiado; si piensas que algo anda mal, consulta a tu médico. La mayoría de las ITS son muy fáciles de tratar y se curan con antibióticos. Desafortunadamente existen otras que no tienen cura, pero sí tratamientos para controlarlas y evitar que empeoren. Tu sistema inmune es capaz de eliminar algunas ITS, pero no sabrás cuáles hasta que consultes a un experto.

El mensaje principal es "¡Cuida tu salud, ve al médico, detecta las ITS a tiempo y recibe el tratamiento adecuado! No esperes y no te preocupes. Ocúpate".

"¿TRATO A MI CUERPO CON EL MISMO RESPETO QUE A MIS OTRAS POSESIONES VALIOSAS?"

¿El final? ¡El principio!

En este momento te encuentras en un viaje increíble. Definitivamente necesitarás llevar muchas cosas además de tus jeans favoritos, tu iPod y tu celular. Necesitas un corazón firme, autoconocimiento y saber con claridad a dónde quieres llegar. Ahora puedes explorar tus opciones, hay muchas frente a ti. Este libro es una manera de descubrir el horizonte de posibilidades relucientes que en este momento parecen espejismos. Comienza con un paso y luego con otro. Tu corazón se volverá muy fuerte y tu andar más seguro mientras recorres tu camino. Te estás preparando para vivir una aventura fantástica: tu vida. Sólo queda una cosa antes de terminar, nunca olvides:

Haz lo que amas. No te conformes. Deja que tu corazón te guíe.

Mantente segura. Tu cuerpo es tu vehículo al futuro; cuídalo.

Encuentra la tranquilidad. Relájate, disfruta.

Diviértete con tus amigos. Ellos te recordarán quién eres.

Escucha a los demás, ponte en sus zapatos. La paciencia es genial.

Confía en ti misma. Tu cuerpo sabe mucho, escúchalo.

Recuerda que todo puede cambiar. La vida está llena de altibajos. En algún momento las cosas encontrarán su lugar.

Y, si puedes, mándame una postal de tu viaje.

¡Tú puedes, querida!

Aprende más

LIBROS

Estos libros pueden ayudarte en distintas etapas de tu vida; pueden darte la información, apoyo y perspectiva necesaria.

Bradshaw, John.
Creating Love
Bantam Publishers, 1994.
Un libro genial acerca del amor y las relaciones. Contiene actividades.

Cameron, Julie.
The Artist's Way,
Barnes and Noble Publishers, 2002.
Un diario honesto y compasivo que te ayudará a reflexionar sobre ti mismo y el mundo en que vives.

Cox, Tracey.
The Sex Doctor,
Bantam Publishers, 2005.
Mucha información sobre sexo. Tracey va al meollo del asunto. Para lectores maduros.

Darvil, Wendy y Kelsey Powell,
The Puberty Book,
Hachette Australia Publishers, 2007.
Una guía de fácil consulta con un montón de consejos que te serán de utilidad para sobrellevar la pubertad.

Dowrick, Stephanie.
Intimacy and Solitude,
Womens Press Publishers, 1993.
Esta dama sabe de lo que habla. Una vez que empieces a leerlo, no podrás parar y no serás la misma, cuando lo termines. Una valiosa herramienta para tu vida.

Grieve, Bradley Trevor.
Looking for Mr Right.
Andrew McMeel Publishing, 2001, 2da ed.
Inteligente y divertido, este libro te enseñará a ser tú misma cuando estés con los chicos.

Melody, Pia.
Facing Love Addiction.
Harper Collins Publishers, 2002.
Un libro acerca de la importancia de ser honesto contigo mismo y como, en ocasiones, cuando amamos a alguien podemos entregarnos, pero lastimar a la persona amada a la vez.

Movsessian, Shushann.
Puberty Girl,
Allen & Unwin Publishers, 2004.
¡El mejor libro que hay sobre pubertad!

Ostler, Sue.
Relationships that Rock,
Allen & Unwin Publishers, 2004.
Una lectura indispensable para cuando estés buscando a tu siguiente pareja.

Paul, Anthea,
Girlosophy: The love survival kit,
Allen & Unwin Publishers, 2000.
Un libro indispensable para sentirte bien y para divertirte.

Vargas, Gaby y Yordi Rosado,
Quiúbole con … para mujeres,
Aguilar, 2005
Dirigido a chicas que están pasando por esos cambios físicos y mentales que frecuentemente ocasionan problemas a nivel familiar.

Welwood, John,
Journey of the Heart: The path of conscious love,
Harper Collins Publishers, 1996.
Un libro que te ayudará a tener mayor conciencia de la persona con la que estás (que eres tú, por cierto).

SITIOS

Aunque varios de estos sitios son australianos, la información que incluyen te será de gran utilidad.

Salud reproductiva y planificación familiar

www.fpnsw.org.au
www.fpa.com.au
www.shinesa.org.au
www.fpwa.org.au
www.shfpact.org.au
www.fpv.org.au
www.mariestopes.com.au
www.au.reachout.com

Relaciones sexuales

Muchas soluciones sobre relaciones adolescentes en general y salud sexual en específico.
www.likeitis.org.au
www.scarleteen.com
www.glcsnsw.org.au

ITS

Obtén información sobre ITS y cómo mantenerte segura en tus relaciones sexuales.
www.fpnsw.org.au
www.healthinsite.gov.au

VIH/SIDA

Páginas sobre atracción sexual del mismo género, transmisión de VIH, cómo obtener información sobre contagio, tratamiento y riesgos.
www.acon.org.au
www.fpnsw.org.au
www.napwa.org.au (apoyo de gente con VIH)

Salud mental

http://www.amssac.org/
La Asociación Mexicana para la Salud Sexual, A.C. es una asociación de profesionales dedicada a difundir la información sobre sexualidad y a apoyar a todo aquel que necesite guía o ayuda.
www.au.reachout.com
www.kidshelp.com.au

www.beyondblue.org.au
www.headspace.org.au
www.mmha.org.au (información plurilingüe, incluyendo español)

Violencia, violación y relaciones abusivas

http://www.inmujer.df.gob.mx/
El Instituto de la Mujer del Distrito Federal ofrece en su sitio mucha información sobre violencia en la familia y la pareja. Un gran sitio donde podrás encontrar desde información legal hasta consejo psicológico.

Abuso por Internet

No dejes que un problema en Internet sea un problema en silencio. Busca ayuda. Estas páginas son un buen inicio.
www.bullyonline.org
www.kidshelp.com.au

Bullying

No permitas que el bullying y la opresión de otros te depriman. Existe asesoramiento y mucha ayuda. Habla alto y deja que los demás lo sepan. Mientras tanto, visita algunos sitios para apoyo extra. No estás solo, créelo.
www.acosoescolarmexico.mx.tl
www.bullyingnoway.com.au
www.bullying.com.au
www.ncab.org.au/bullying/
www.cyh.com (ve a 'Teen health' y luego explora la categoría 'Society and you')

Embarazo, derecho a decidir y legislación

http://abortar-mexico.mx
Abortar México es un sitio en el que podrás encontrar la información correspondiente al aborto en México. Recuerda que la legalidad del aborto depende del país o estado en el que te encuentres.

Alcohol y otras drogas

Obtén algunos buenos consejos sobre drogas y alcohol. Apoyo y buenos consejos estarán siempre ahí cuando tú los necesites. Esta información te da los hechos. Tú decide.

www.yds.org.au
www.adin.com.au
www.headspace.org.au

Cosas de la vida

¿Quieres la verdad sobre vivir bien y de forma independiente? Visita estas páginas para encontrar cosas buenas.

www.youthcentral.vic.gov.au
www.betterhealth.vic.gov.au

Salud corporal

Comienza aquí para obtener buenos consejos de salud materna y cómo podrías prevenir el cáncer. ¡Excelentes consejos! También incluyen algunas recomendaciones básicas de salud corporal.

www.amlcc.org
www.bsnsw.org.au (para revisión de cáncer de mama)
www.cancercouncil.com.au (ir a 'Cancer Prevention' en la parte superior)
www.cancerscreening.gov.au (para raspado cervical)
www.betterhealth.vic.gov.au

Comunidad lésbica, gay, bisexual, transexual, transgénero

Consulta estos sitios para obtener consejos sobre salud, viviendas, apoyo, asesoramiento y orientación. Recuerda: esto es acerca de cómo amas, no a quién amas.

www.cuentaconmigo.org.mx
www.twenty10.org.au
www.gendercentre.org.au
www.glcsnsw.org.au

Salud multicultural

www.mhcs.health.nsw.gov.au (en 'Publications and resources')
www.mmha.org.au (Salud mental)

Asuntos legales

Obtén la verdad sobre la ley y tú. Estos sitios son australianos, pero puedes consultarlos.

www.lawstuff.org.au
www.theshopfront.org
www.youthlaw.asn.au

Recursos

Edad de consentimiento CNDH
http://www.cndh.org.mx/sites/all/fuentes/documentos/programas/mujer/6_MonitoreoLegislacion/6.9/H/H.pdf

Centro de Terapia de Apoyo a Víctimas de Delitos Sexuales de la Procuraduría General de Justicia
http://www.pgjdf.gob.mx/index.php/servicios/atencionvictimas/cta

Úsalo, información de anticonceptivos e ITS
http://www.usalo.df.gob.mx

Sexpectativas Ellas/Ellos
Título original: *Sexpectations*
Primera edición: septiembre de 2015

© 2011 Communicate Kids & Seymour Design
Publicado originalmente en 2011 por Allen & Unwin, Sydney, Melbourne, Auckland, London
www.allenandunwin.com
© 2015, de la presente edición en castellano para todo el mundo:
Penguin Random House Grupo Editorial, S.A. de C.V.
Blvd. Miguel de Cervantes Saavedra núm. 301, 1er piso,
Colonia Granada, delegación Miguel Hidalgo, C.P.11520,
México, D.F.
www.megustaleer.com
© 2014, Hipatia Argüero, por la traducción
© 2011 Communicate Kids & Seymour Design, por el concepto y diseño
© 2011 Davey Mac (www.teazer.com.au), de las ilustraciones
Fotografías de interiores: iStockphoto and Corbis Images

ISBN: 978-607-31-3474-3

Impreso en México – *Printed in Mexico*

El papel utilizado para la impresión de este libro ha sido fabricado a partir de madera procedente
de bosques y plantaciones gestionadas con los más altos estándares ambientales, garantizando
una explotación de los recursos sostenible con el medio ambiente y beneficiosa para las personas.

Penguin
Random House
Grupo Editorial